3・4・5歳児の描画指導12ヵ月

◆芸術教育研究所・おもちゃ美術館編◆
◆多田信作・松浦龍子執筆◆

黎明書房

3歳児

色紙を切って自動車をつくろう。
できあがった自動車は、みんなで
つくった町に走らせます。

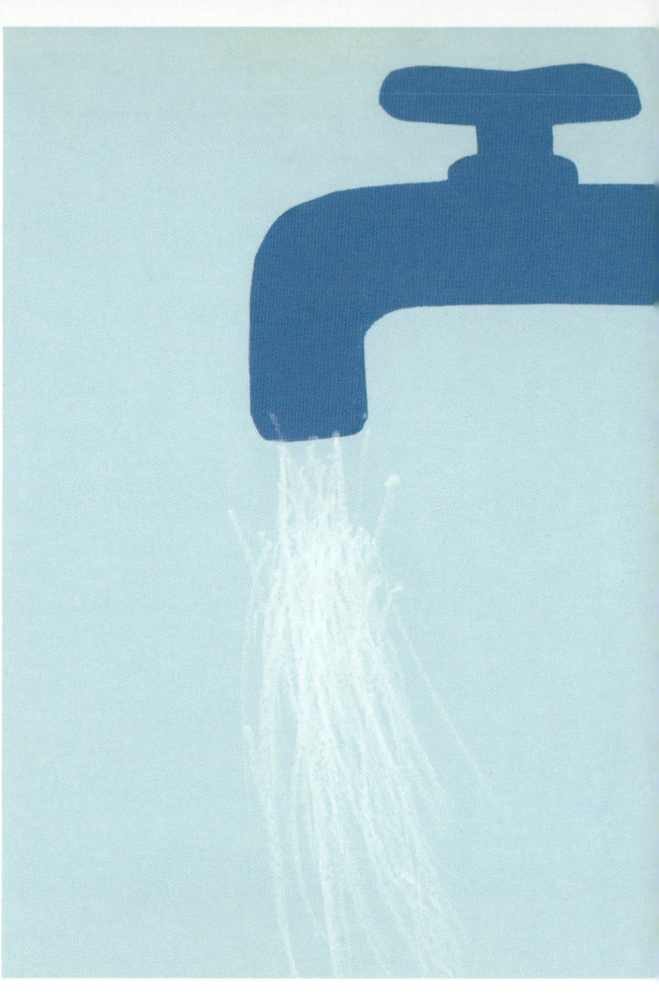

「ジャージャー」と口でいいながら、線を描きましょう。（P 8 参照）

どの色のフライパンの上に描くのがいいか、バックについても話し合います。（P 104 参照）

4歳児

髪の毛の方向をよく見ながら描きます。（P 68 参照）

細い筆でクルクルポン！ 太い筆でクルクルポン！ こんぺいとうの絵を描こう。

◀ お友だちの髪

▼ 動物の足あと

大きい足あと，小さい足あと……色々描きましょう。（P 10 参照）

5歳児

▲シクラメン
こまかく，シクラメンを観察し描きます。
（P 133 参照）

▲タイヤとび（P 98 参照）

◀ブレーメンの音楽隊

みんなで紙芝居をつくろう。（P 143参照）

◇はじめに

　子どもにとって絵を描く活動は，造形・音楽・劇と並んだいわゆる「表現」活動ということになります。この表現活動をいかに豊かに伸ばすかが，指導の大切なポイントとなります。しかし，この点は非常に曖昧に指導しがちなのが，現状ではないでしょうか。保育者は画家的なイメージが強く，大人の芸術的な発想で子どもの絵をみてしまいがちです。「子どもに伸び伸びと絵を描かせよう」「子どもが感じたままを描かせよう」といったあまりにも抽象的な考え方に陥ってしまうのです。

　それでは，なぜ幼児の時期に絵を描かせたり，物を作らせたりするのでしょうか。もちろんこの時期の子どもたちに，ある特別な能力主義の教育を展開するために絵を描かせたりするのではありません。一般的には，子どもたちを社会生活のなかで落ちこぼれなく，多面的な諸能力を培わせ全面的に発達させたいからです。ある部分の才能を特別に伸ばすための狭い領域ではないのです。

　要するに，幼児期の美術教育は美術教育の力を借りて，また美術教育を他の活動と多面的に結びつけながら，子どもの様々な力を全面的に伸ばすための一助になるようにとの願いを込めて展開していくことが大切です。

　子どもが絵を描いたり，物をつくったり，色紙あそびをしたりすることは，生活のなかのまったく1つの活動に過ぎませんが，他の活動との比較で美術教育が担う役割について，特にその特長をクローズアップして考えてみる必要があります。子どもたちが絵を通して様々な認識活動ができているかどうか，確かめるために他の領域をも借りてみていくのです。

　そのためには，絵が好きになっていく，自信がついていく指導を，子どもたちが納得できるプロセスで用意しなければなりません。子どもに伸び伸びと描かせることも確かに大切ですが，まず，その前の段階が必要であり大切なのです。

　子どもたちになぜ絵を描かせることが必要なのか，生活のなかで絵画表現を通して，どのような力を培うことができるのだろうかといった点を，実践のなかで思索探究していただきたいと思います。

　なお，本書は，先に「保育実践シリーズ」の第9巻として出されたものの新装版です。

　末長いご愛読を，お願いいたします。

芸術教育研究所
おもちゃ美術館

◇この本の使い方

　この本は，幼稚園，保育園で3年保育が展開できるようにつくられています。カリキュラムは3年間を基準に組み立てられていますから，初めて指導する場合は，3歳4月の活動から始めてください。なお，本文中のTは教師，Cは子どもの略語です。

□**本文の題材**は，子どもたちが，自分自身の生活のなかでイメージを豊かにし，様々な表現を楽しめるよう，生活に密着した事物，自称や遊びのなかから，造形課題にあてはまるものを題材として設定しています。

□**指導のねらい**は，それぞれの題材を指導するうえで，特に造形的，色彩的な面での表現活動に主軸をおいています。

□**用意するもの**は，活動を展開するために基本的に必要なものです。いろいろな素材に親しみ，工夫して表現活動を楽しめるよう，細かく配慮しました。用具の使い方は〈描画指導のための基礎知識〉を，指導されるまえに読んでください。

□**指導の展開**は，ねらいを達成するための展開はいくらでもあると思いますが，1つの実践例として参考にしてください。ていねいに順序だてて，納得のいく指導展開を，それぞれの環境，条件のなかで進めるよう心がけてください。

□**指導の留意点**は，指導の上でポイントになるところなので，しっかりとおさえて実践を展開してください。
□**関連題材**は，同じ課題を達成しうる題材例として，とりあげてみました。

❖ 年齢別の目次 Ⅰ

	3 歳 児	4 歳 児	5 歳 児
4月	ジャージャーでてくる 蛇口からの水 ……… 8	のっしのっしちょこちょこ 動物の足あと ……… 10 スーッと伸びている 長い草 ……… 12	花びらの舞う 桜の木 ……… 14
5月	ザーザー雨が 降ってくる ……… 18 なかよしさんの 点つなぎ ……… 20	おいしそうなポッキーが 描けるかな ……… 22 まっすぐつづく線路 ……… 24	桜の葉を よく見て描こう ……… 26 洋服をたくさん着ている たけのこ ……… 28
6月	ペッタンペッタン 足あとペッタン ……… 32 ちいさな花がいっぱいの あじさい ……… 34	十文字の花の ドクダミ ……… 36 一つひとつの花を見て あじさいを描こう ……… 38	あじさいの花の色を よく見て描こう ……… 40
7月	お話を聞きながら描こう 草と花 ……… 44	たくさんの花びら 白いマーガレット ……… 46	平均台で ひっぱりっこしよう ……… 48 つぶつぶいっぱい とうもろこし ……… 51

❖ 年齢別の目次 II

	3 歳 児	4 歳 児	5 歳 児
8月	シュッシュッパチパチ 花火がきれい ……… 54	ぼくのおとうさん 大きな顔なんだ ……… 56	にぶい色だけどおいしそうな わらなっとう ……… 58
9月	カラフルなキャンデー おいしそう ……… 62 色づいた秋の ぶどうを描こう ……… 64	そこでストップ！ ポーズあそび ……… 66 友だちの 後ろ向きの頭 ……… 68	みずみずしい きゅうりを描こう ……… 70 みんなで飼っている インコ ……… 72
10月	ドーナツが おいしそうに描けるかな ……… 76 散歩でつんできた かれんな野ぎく ……… 78	なかよしうさぎを 描こう ……… 80 こんがり焼きたての ドッグパン ……… 82	一粒一粒ていねいに おいしそうなぶどう ……… 84 秋の空にはえる ポプラの木 ……… 86
11月	青空に向かって そびえるけやき ……… 90 ぼくの掘った でっかいさつまいも ……… 92	毎日使っている わたしのカバン ……… 94 お話を聞いて描こう 小鳥と木の実 ……… 96	とび箱をとぶ わたし ……… 98 紅葉の美しさを 描こう ……… 100

❖ 年齢別の目次 III

	3 歳 児	4 歳 児	5 歳 児
12月	まあるいまあるい 　　目玉やき ……… 104	今日は雨ふり ……… 106	さびしそうな 葉の落ちた樹木 ……… 108 赤いリボンの おさげの女の子 ……… 110
1月	四角い窓のバス ……… 114	表情豊かな 　友だちの顔 ……… 116 おもしろい魚 シマダイを描こう ……… 118	友だちの 横向きの顔 ……… 120 いっしょうけんめい走った マラソン ……… 122
2月	いち・に・さん・し 体操しているわたし ……… 126	前向きとどうちがうかな （足をのばしているところ） ……… 128 じょうずになった 　　なわとび ……… 130	よく見て描こう 　シクラメン ……… 133 物語の絵を描こう 「おおきなかぶ」 ……… 135
3月	雪ふりと雪だるま ……… 138	楽しかった 　雪あそび ……… 141	みんなでつくる紙芝居① 「ブレーメンの音楽隊」 ……… 143 みんなでつくる紙芝居② 「森は生きている」 ……… 148

❖ 目次（年間カリキュラム，基礎知識）

■ 描画指導12カ月（年間カリキュラム）

1. 3　歳　児　……153
2. 4　歳　児　……155
3. 5　歳　児　……157

※芸術教育の会・絵画共同研究班作成

■ 描画指導のための基礎知識

① 描画教育の全体構造と指導者の役割　……16
② 描画材と表現内容との関係　……30
③ 卓上の準備のしかた（水彩絵の具の場合）　……42
④ クレヨン，パス，筆の持ちかた　……60
⑤ 絵の具（チューブ入り）とパレットの扱いかた　……74
⑥ 水入れの使いかた（筆洗い）　……88
⑦ 画用紙（大きさと色）とのかかわり　……102
⑧ 混色の方法と留意点（絵の具）　……112
⑨ 色彩用語の解説（1）　……124
⑩ 色彩用語の解説（2）　……152

4月の描画指導

3歳児　4月の活動
ジャージャーでてくる蛇口からの水

◆　**指導のねらい**

意図的に上から下への細い縦線が描ける。

◆　**用意するもの**

クレヨン，空色の画用紙（八ツ切½，水道の蛇口の切り絵を貼る）

◆　**指導の展開**

① 水道で手を洗う

どんなふうに手を洗うか，実際に一人ひとりやってみます。そして，強く出したときや弱く出したときのようすを話し合います。「ジャー」と強く出しすぎると，服がぬれてしまい，まわりにもはねてよく洗えないし，弱すぎても洗いにくいことを経験することによって，あらためて水の出方などについて，はっきりと理解させます。

② 手をたたいて表現する

水が強く出るときは，速く激しくたたき，静かに出ているときは，静かにそっとたたいてみるというように，からだでわからせます。

③ 水が出せるものについて話し合う

水道のほかにどんなものがあるか話し合い，たとえば，シャワー，ジョウロ，ホース，やかんなどの口から出るときはどうなるか，実際に見て，あそんでみます。

④ どのように描くか話し合う

黒板に，チョークを使って強い線や弱い線を描かせ，どのように描いたものが最もよいか話し合います。どの子どもも，十分に手を動かしてあそぶようにさせます。

⑤　指で描く

　水道の蛇口の切り絵を貼った色画用紙を配り，どこから，どんなふうに描いたらよいか話し合い，指で描いてみます。全員の子どもが，蛇口から下まで指を動かしているかを確認しながら，何回も，上から下へくり返して描かせます。

⑥　クレヨンで描く

　白色のクレヨンを出させ，まず，クレヨンの持ちかたを確認します。次に，「ジャージャー」と口でいいながら，上から下へのまっすぐな線が描けるようにします（白色にこだわらなくてもかまわない）。

⑦　おいしそうな水を飲む

　できた順に壁に貼り，いちばんおいしそうだと思う水のところへ行って，コップで水をくんで，飲むまねをしてあそびます。

◆　指導の留意点

　1日でおこなうのではなく，2～3日はかけて，十分にあそびを取り入れながら，ゆっくりと楽しんでおこないましょう。

◆　関連題材

　ジョウロの水，雨，シャワーの水

3歳児作品「蛇口からの水」

4歳児　4月の活動①
のっしのっしちょこちょこ動物の足あと

◆　指導のねらい

　絵の具を使う場合の，水のつけかたと筆洗いのしかたを理解し，筆先のコントロールによる点描を習得する。

◆　用意するもの

　絵の具，色画用紙（八ツ切½，肌色），筆（中），パレット，水入れ，布

◆　指導の展開

①　表現あそび

のっしのっし歩きましょう

　"かくれんぼ"の歌をみんなでうたい，次に，子どもたちの好きな動物をつかってかえ歌にして，身体表現をしながらうたいます。
　"ぞうさんがね，おにわでのっし，のっし　かくれんぼ"……
などと，うたっていきます。出つくされたところで，教師が，「もうそろそろ，動物さんたちは，おうちへ帰らなくてはね。みんなも，ぞうさんやうさぎさん，ひよこさんになって帰りましょう」と言って，仮の家に向けて，意図的に歩く方向を決め，各自，動物の動作をことばに出して歩かせます。
　みんな集まったところで，歩きかたについて話し合います。
　Ⓣ「ぞうさんは，どうやって歩くのかな」Ⓒ「のっしのっし歩くよ」
　Ⓣ「うさぎさん，ひよこさんはどうかな」Ⓒ「うさぎさんは，ぴょんぴょん，ひよこさんは，ちょこちょこ歩くよ」Ⓣ「そう，ぞうさんは大きい足でのっしのっし歩くし，ひよこさんは小さな足でちょこちょこと歩きますね」
　それぞれの足の大きさや歩くリズムについて，十分に理解させたのち，このあそびのリズムを筆のリズムへ持っていく働きかけをします。
　「今日は，この動物さんたちの足あとを，絵の具で描いてみましょうか」

②　絵の具で描く準備をする

(イ)　絵の具を選ぶ——絵の具箱から，ぞう，うさぎ，ひよこにいちばん似合っている色を選びます。

(ロ)　絵の具を出す——3色を，パレットのしきり別に，それぞれ親指の爪ほどの大きさに出します。

(ハ)　画用紙を選ぶ——画用紙の色，大きさ，縦と横とではどちらが描きやすいか，話し合います。

(ニ)　筆の扱いかたを学ぶ——筆に絵の具をつけすぎてたらさないよう気をつけ，ゆっくり落ちついて描くこと，筆先を整えて描くことを学びます。絵の具をつけすぎたときや足りないときの絵はどうなるか，教師が例を示してみるとよいでしょう。

③　絵の具で描く

描きはじめる前に，ことばとともに空に指で描いてみます。次に，筆をもち，絵の具をつけずに画用紙の上で，のっし，のっしと筆を動かします。

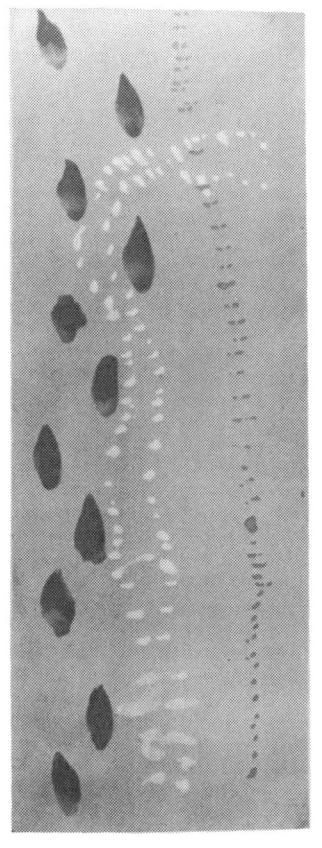

4歳児作品
「動物の足あと」

「さあ，ぞうさんが下から歩いてきましたよ。のっしのっし，みんなもいっしょに」と言いながら，教師が，絵の具で描きます。子どもたちも，「のっしのっし」と言いながら，ゆっくりと下から上に向かって描いていきます。描きおわったところで，筆を洗って布でふきます。

⑰「ひよこさんの足あとはどうしたらよいかしら。ぞうさんのように，筆を全部おろしたほうがよいかしら」ⓒ「ちがう，ひよこさんは小さいから，絵の具をちょっとつけるといいよ」——筆先に絵の具をつけ，筆をたてて，ゆっくり描いていくことを指導します。

次に，中ぐらいの動物として，うさぎの足あとを，中ぐらいまで筆をおろして描かせます。できた順に，後片づけをしていきます。

④　作品を見て話し合う

つなぐように順に貼り，動物の散歩道のようにして，子どもと見合います。

4歳児　4月の活動②
スーッと伸びている長い草

◆　指導のねらい

①　下から上への線が描ける。

②　絵の具や筆の使いかたに慣れる。

◆　用意するもの

クレヨン，絵の具，画用紙（八ツ切½），筆（中），パレット，水入れ，布，草

◆　指導の展開

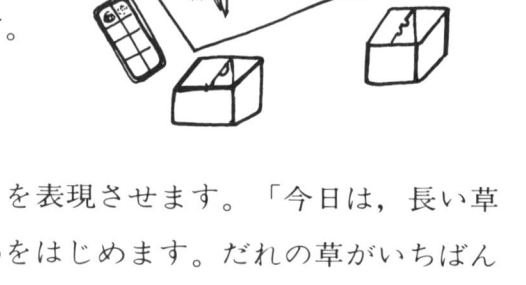

①　散歩に行く

外へ出ると，いろいろな草があります。

Ⓣ「どんな草がありますか」

Ⓒ「細いの！」「長いの！」

身ぶり手ぶりで，葉っぱの形や大きさを表現させます。「今日は，長い草をさがしてみましょう」と誘い，草集めをはじめます。だれの草がいちばん長いかを，比べっこしてから，その長い草をもって帰ります。

②　クレヨンで描く

園に帰ってから，その草を見ながら，クレヨンで下から上への線として描かせます。

③　絵の具で描く

(イ)　土を描く

Ⓣ「草はどこから出てくるのかしら」Ⓒ「土の中から」Ⓣ「土の中に草が大きくなるためのいろいろな栄養があって，それを食べて大きくなるのよ。それでは，土の色はどんな色かしら」Ⓒ「黒」「茶」Ⓣ「では，パレットに黒と茶を出し，茶色をよく溶かして，そのなかに黒を少しずつ混ぜて，土の色をつくってみましょう」

全員土の色ができたところで，点描で土を描かせます。土は線が重なって

4歳児作品「草」

いるのではなく，小さい小さいつぶつぶがいっぱい集まっていることを話しかけながら，なるべくていねいに，土のすき間がないようにぬらせます。

　(ロ)　草を描く

　土がかわいていることを確認します。

　Ⓣ「草の色はどんな色があるでしょう」Ⓒ「黄緑！」「緑！」

　草の色を選ばせます。

　Ⓣ「草の先はプツンと切れていますか」（クレヨンで描いた草とも比べてみる）Ⓒ「切れていない。スーとなっているよ」「先が細くなっているよ」

　教師は，筆に水をつけて，黒板に草を描いてみせます。プツンと途中で切れた草と，スーと先が細くなった草を描き，比べてみます。そして，子どもたちに指で，空間に草を描かせます。次に，絵の具を溶き，筆を立て，筆先で一気に筆を動かすようにして描かせます。

◆　指導の留意点

　土にすき間ができないように注意し，草がかすれないように，絵の具と水の分量に気をつけます。草が土からはなれて出ているときは，「土のなかから芽が出るのよ」と話しかけるとよいでしょう。

5歳児　4月の活動
花びらの舞う桜の木

◆　指導のねらい
　①　点描で，花びらや木の幹の質感・量感を表現する。
　②　友だちどうしで話し合い，混色の経験をする。

◆　用意するもの
　絵の具，色画用紙（八ツ切，明るい灰色），筆（太），パレット，水入れ，布，ためし紙

◆　指導の展開
　①　桜の花びらであそぶ
　風で舞い落ちる花びらを手で受けとめたり，散っているようすを観察したりしてから，ひろい集めて，画用紙の上に散らせてあそびます。
　②　桜の木を見て話し合う
　Ⓣ「どんな色かな」Ⓒ「白っぽい」「ねずみ色みたい」「ちがうよ，木は茶色だよ」Ⓣ「さわってみよう，どんな感じかな」Ⓒ「ぼこぼこしているよ」「まるいんだよ」「だんだん細くなっているみたい」
　③　桜の木の色をつくる
　自分のもっている絵の具のなかに，木と同じ色があるかどうかさがしてみます。ないことに気づいたら，木の色をつくるため，混色に必要な色をとりだします。茶・白・黒・黄土色の4色をだし，まず，白と黒を混ぜて灰色をつくります。白と黒の割合については，実際におこなってみて，黒はほんの少しで中間の灰色ができることをわからせます。そして，木の色をだすための混色をしていきます。水の量に気をつけながら，ためし紙にできた色をぬってみて，桜の木に近い色づくりをしていきます。
　画用紙の上で全体的なバランスを考え，下絵なしで下から上へ点描で描きます。太い幹は，左から右へ点描しながら，下から上へうめていきます。木の感じがつかめない子どもは，何度も木を見に行かせます。

④ 花びらの色をつくる

花びら5～6枚ずつを，各テーブルの上に並べて，色についてたずねます。

Ⓣ「花びらはどんな色かな」Ⓒ「ピンク」Ⓣ「どんなピンク」Ⓒ「うすいの」「白みたいなピンク」「こっちとこっち，色がちがうみたい」

花びらの先の色がちがっていることに気づかせます。

絵の具のなかに，花びらと同じ色があるかどうかをさがさせ，何色と何色を混ぜればできるか選ばせます。

白に赤を少しずつ混ぜ，花びらと同じくらいになったらためし紙にぬってみます。花びらの先の色と奥の色とを，パレットの上に並べてつくっておきます。

5歳児作品「桜の木」

Ⓒ「さきにうすい花びらを描いて，その上に濃い花びらを描くんでしょ」「全部濃い色になっちゃうよ」「わかった。筆の全部にうすい色をつけて，それから筆の先にだけ，濃い色をつけて描くんだよね」

リズミカルに，花びらが散っていくのを表現させていきます。

⑤ 作品を見て話し合う

作品を展示して，花びらのいろいろな散りかたや木について話し合います。

◆ 指導の留意点

混色する場合，なるべくひかえめに水をつけるように指導します。

◆ 関連題材

ふじの花

―― 描画指導のための基礎知識① ――

♣ 描画教育の全体構造と指導者の役割

　集団のなかで描画指導をおこなう場合，一般的にうまく展開できない要因は，当然ふまえて指導しなくてはいけないことを素通りして，子どもが内容をつかめず，とまどいながら指導されていることが多いからです。たとえば，歌の指導，体育的指導，生活指導などは，何回もくりかえし，反復と定着をおこなっているが，絵の指導になると，①描く対象を見る，②材料の用意，配布，③描く，④できあがった作品の掲示，ではうまく展開できないのも当然かもしれません。

　本書の各月の指導展開の手順を見てみると，子どもの生活のなかでの取り組み（あそびを通して）として，〈興味〉をもたせ，造形認識を深めるための言語活動（話しあい）や，比較の関係での内容認識をさせる〈見せ方の教育〉，それから，イメージづくりとともに，造形化への手だて，表現の準備，表現のための確認，そして描画活動という，〈造形化〉にすすみ，その後で，表現内容の確認のための集団での話し合いという，〈相互評価〉というパターンで展開され，それがやさしいものからむずかしい表現へと，年間のなかで高まっています。

　このひとつの指導展開のなかで，たとえば，造形化への手だてとして，粘土での立体表現，貼り絵（紙版画）による面のかさなりなど，描画材以外の素材を生かしています。それは描く対象の形を鮮明な像として想い浮かべさせています。

　ですから，比較させながら見せたり，いろいろな素材を使い，子どもたちが対象像を鮮明に頭の中に描けるようにしていくのが，指導者のたいせつな役割といえます。

5月の描画指導

3歳児　5月の活動①
ザーザー雨が降ってくる

◆　指導のねらい

　上から下への細い線を，リズミカルに表現する。

◆　用意するもの

　クレヨン，画用紙（八ツ切$\frac{1}{2}$）

◆　指導の展開

①　雨を観察する

　「今日はこんなに雨が降っているから，外ではあそべませんね。雨ってどこから降ってくるのかな」と話しかけ，みんなでテラスや窓から，雨の降ってくるようすを観察します。

　ⓒ「空から」「雲から」「あの黒い雲がはこんでくるんだ」「うん，そうだ，そうだ」Ⓣ「雨の声が聞こえるね。何ていっているかな」ⓒ「先生，ザーザーっていっている」Ⓣ「みんなも，今日の雨に負けないくらいいっぱいの雨を，ザーザーと紙に降らせてみようか」ⓒ「うん，やってみよう」

②　雨を描く

（イ）　色を選ぶ

　Ⓣ「雨の色は何色かな」ⓒ「白」「お水の色」などと話し合いながら，クレヨンのなかから，水色を雨の色として選びます。

（ロ）　教師が描いてみせる

　教師が水色のクレヨンで，点々の雨と，上から下への線を描いてみせて，「ザーザーといっている今日の雨はどちらかな」と問いかけます。

　雲と地面を描いた色画用紙をみんなの見えるところに貼り，話し合います。

雨はどこから降ってくるのかな

Ⓣ「さあ，どこから雨が降ってきたのかな」Ⓒ「雲から」Ⓣ「どこまで降ってくるのかな」Ⓒ「土まで」「水たまりまで」「砂場まで」

(ハ) 指で描く

あらかじめ教師が，雨雲と地面を描いておいた画用紙を子どもたちに配り，「ザーザー」といいながら，指で画面に雨を降らせてみます。

3歳児作品「雨」

(ニ) クレヨンで描く

クレヨンのにぎりかたを確かめ，「さあ，みんなでお外の雨のように，ザーザーといっぱい描いてみましょうね」といって描きはじめます。

③ あそびへ発展させる

できた作品を並べて貼ると，地面がつながり，長い道路の上に雨が降っているように見えます。その横を，指人形をはめて「雨だー！」といって走ったり，スキップをしたりして，劇あそびへと発展させていきます。

3歳児　5月の活動②

なかよしさんの点つなぎ

◆　**指導のねらい**

①　短く細い線を描けるようにする。

②　色名を理解する。

◆　**用意するもの**

クレヨン，画用紙（八ツ切）

◆　**指導の展開**

①　色さがしゲーム

教師があらかじめ画用紙に，赤・緑・黄・青・黒・水色・桃色・だいだい・黄緑色の点を，2つずつ描いておきます。それを配り，「これは何でしょうね」と問いかけ，画用紙に目を向けさせます。Ⓒ「雨かな」「おかしみたい」「おめめみたいだよ」Ⓣ「どんな色がある」Ⓒ「赤」「黄」「黒」……

Ⓣ「それでは，これからゲームをしてあそびましょう。赤といったらすぐさがして，指でさしてください。色さがしゲームです」

指でさした色を一人ひとり確認しながら次の色へ進みます。色が確認できたら今度は数に注目させ，指を2本使い同じようにゲームをします。

点と点を同じ色のクレヨンで結びましょう

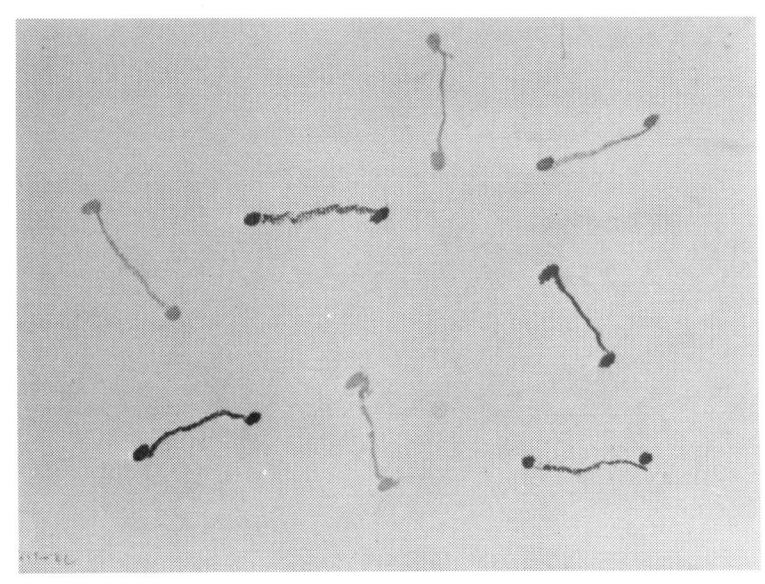

３歳児作品「点つなぎ」

　このように指でおさえることにより、いっそう点と点との距離間・方向がつかみやすくなってきます。
　②　点と点を同じ色のクレヨンで結ぶ
　色・形・方向が確認できたら、クレヨンの箱のなかから点と同じ色のクレヨンをとって、点と点を結ばせます。「同じ色が２つずつありますね。でも離れていて寂しいの。ほんとうは手をつなぎたいのですって。クレヨンのなかから同じ色のものをさがして、手をのばしてつないであげましょうね」と言って、教師がつないでみせます。さっそくとりかかる子どもたち一人ひとりを、もういちど確認し、どの子も描けるようにします。
　③　いろいろな線へ発展させる
　点と点を結ぶ経験をした子どもたちに、クレヨンロケットのお話をして、それぞれの色のクレヨンが、おしりからけむりを出して発射をし、もとの位置にもどるあそびをします。また、５色の５レンジャーの追いかけっこ、青いくつ・赤いくつ・黄色いくつのお散歩などをとり入れて、直線・曲線などいろいろな線へと、発展させていきます。

4歳児　5月の活動①
おいしそうなポッキーが描けるかな

◆　指導のねらい

①　上から下への線を等間隔で描く。

②　同系色（茶系統）を，なかまの色として理解する。

◆　用意するもの

絵の具，画用紙（八ツ切½），筆（細），パレット，水入れ，布，ためし紙，ポッキー（棒状菓子）

◆　指導の展開

ポッキーを並べてみましょう

①　特色をつかむ

ポッキーを袋のなかに入れ，中身あてゲームをしてから，袋からアーモンドポッキーとチョコレートポッキーをとりだし，ひとり2本ずつ配ります。配ったポッキーそれぞれの，特色をつかませます。

「もつところには，アーモンドもチョコレートもついていない」「味もちがう」「色もちがうよ」

②　絵の具で描く

アーモンドポッキーとチョコレートポッキーを，画用紙の上に交互に置きます。ポッキーの色（黄土，山吹，茶）をパレットの上で混色し，ためし紙を使いながら，個人個人つくらせます。このとき，茶色は少量でよいことを，自分で混色しながら理解させるようにします。

ポッキー1本1本がくっつかないように，同じ間隔で，上から下への直線

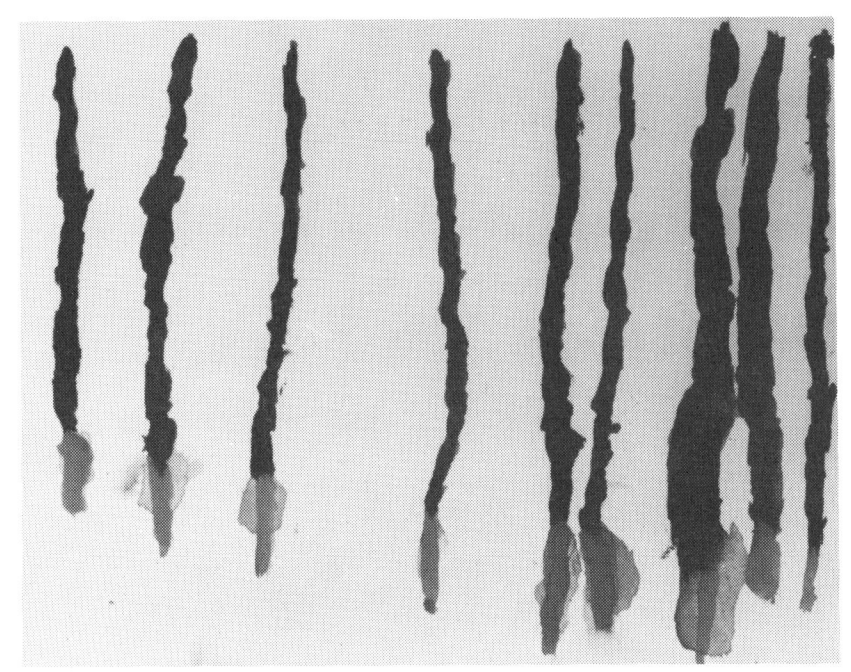

4歳児作品「ポッキー」

で描かせていきます。

　絵の具がかわいたら，こんどは，アーモンド（山吹，茶）とチョコレート（こげ茶，茶）の色をつくり，ポッキーの上に点描で描かせます。

③　同系色を理解する

　できあがった作品を見ながら，ポッキーの色，アーモンドの色，チョコレートの色がなかまの色であるということを，理解させます。

◆　**指導の留意点**

　混色の経験をあまりしていない子どもたちの場合は，この段階で，どの色をどのくらい使うか，また，水の量はどのくらい使ったらよいかという事前の話し合いを，十分おこなっておくとよいでしょう。

◆　**関連題材**

　ドーナツ，スパゲッティ

4歳児　5月の活動②

まっすぐつづく線路

◆　指導のねらい

①　左から右への長い横線と，上から下への短い縦線の組み合わせを表現する。

②　線路の幅は同じであることを理解する。

◆　用意するもの

絵の具，色画用紙（八ツ切½，黄土色），筆（太），パレット，水入れ，布

◆　指導の展開

①　線路は平行である，ということに気づく

何もつけずに，指で線路を描いてみましょう

　園庭に長い線路を描き，電車ごっこをして楽しみます。そのあと，電車の見える高い場所にのぼり，電車でどんなところに行ったことがあるか，なんという電車に乗ったかなど，話し合います。

　室内で，カラー積木を平行にならべて線路をつくり，電車ごっこをしてあそびます。線路は平行でなければ脱線することを，あそびのなかで感じとらせます。あそびの途中で，「線路」の紙芝居を見せます。

②　線路を描く

(イ)　指で描く

　見てきた線路を思い出させ，画用紙を配って，左から右への平行線を指で描いてみます。

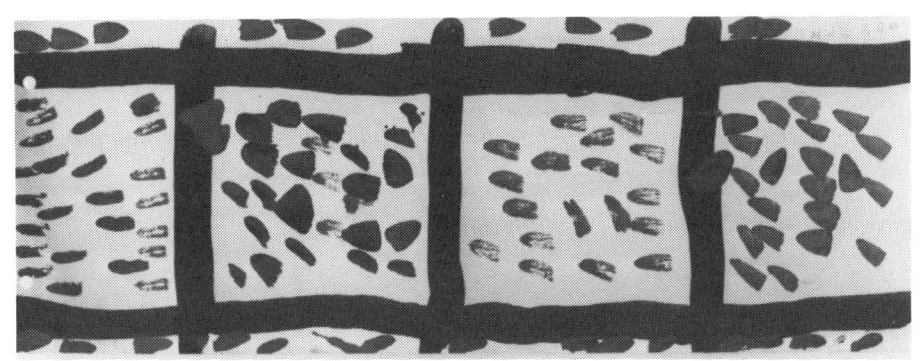

4歳児作品「線路」

(ロ)　絵の具で描く

　黒，茶，灰，白を混色して，まがらないように2本の横線を描かせます。そのあと，上から下への短い線で，枕木を描きます。このときにも，等間隔で描いていくように注意します。

(ハ)　線路の下には何があるか

　線路の縦・横の線ができたところで，そこに石が敷かれていることを話し，点描による石を，絵の具で表現させます。

③　描いた線路を使ってあそぶ

　描いた作品をもちよって長くつなげ，おもちゃの電車を走らせて，みんなであそびます。

◆　指導の留意点

　完成した作品を壁面に貼り，町づくりの共同制作に発展させるのもよいでしょう。

◆　関連題材

　はしご車，電車の窓，はしご

5歳児　5月の活動①
桜の葉をよく見て描こう

◆　指導のねらい

①　左右対称の形をとらえ、筆先による細い線描を経験させる。

②　ものの色をよみとり、混色でその色に近い色をつくる。

◆　用意するもの

絵の具，色画用紙（八ツ切1/4，灰みがかった黄緑色），筆（中，細），パレット，水入れ，布，ためし紙，わら半紙，クレヨン，鉛筆（HB），桜の葉（ひとり2枚，1枚はフロッタージュ用）

◆　指導の展開

①　桜の葉を観察する

桜の木の下であそんだあと、一人ひとりに葉をとってあげます。

⑰「どの葉も同じ形をしているかな」Ⓒ「同じじゃないよ」「こっちの葉っぱのほうが大きい」「ちっちゃな穴があいていてかわいい」「ぎざぎざがあるよ」⑰「さわってみて、どんな感じがするかな」Ⓒ「つるつるしていて気持ちがいいね」「線がはいっているよ」⑰「その線のことを何というのか知っている人いるかな……そう、葉脈でしたね」Ⓒ「ここの葉脈がいちばん太いよ」「ここにも葉脈がたくさんあるよ」「ここのはすこし細いみたいだよ」

ここで、身近にあるほかの葉をとってきて、形や葉脈のちがい、色のちがいについて比較をさせます。

②　フロッタージュあそび

葉の上にわら半紙を置き、その上からクレヨンを横にして、軽くおすようにしてぬります。紙に、形や葉脈がはっきりでてきます。

③　鉛筆で下絵を描く

⑰「どこからはじめたらよいかしら」Ⓒ「先に輪郭を描いて、そして葉脈を描くといいね」「まん中の太い葉脈を描いてから、細い葉脈にしよう」⑰「細い葉脈は、どのへんからでているのかしら」Ⓒ「まん中の太い葉脈」

5歳児作品「桜の葉」

Ⓒ「こっちも，こっちも，同じところからでているよ」Ⓣ「そうね，右側の葉脈も左側の葉脈も同じところからでているわね。葉脈はどんな線になっていますか」Ⓒ「まっすぐな線だよ」「ちがうよ，下のところですこし曲がっているみたい」Ⓣ「そうね，それでは葉脈をよく見ながら描いてみましょう。フロッタージュの葉をもってきて見たり，指で何度もくり返して葉脈の方向をたどってから，下絵を描かせます。

④　彩色をする

Ⓣ「どんな色しているかな」Ⓒ「葉脈のところは黄緑と黄土色」「白もちょっぴり，くきのところは茶色いよ」「あとのところはビリジャンに深緑」「黄緑も茶色もちょっぴりはいっているみたい」Ⓣ「どこからぬったらよいかしら」Ⓒ「葉脈がいいよ」「そのあと，なかをぬりたいな」

筆先を使ったほうが細い線（葉脈）をうまく描けることを話し合い，混色してつくった色で，ためし紙にすこし描かせてみます。太い葉脈，細い葉脈を描き，それにそって左右交互に，葉先へとぬっていきます。

⑤　作品を見て話し合う

壁に貼り，実物とどこがちがうか，どのあたりが表現するのにむずかしかったかを発表し，どうすればよくなるかを話し合います。

5歳児　5月の活動②

洋服をたくさん着ているたけのこ

◆　指導のねらい

①　たけのこの形と皮の線の流れを理解する。

②　濃い色から淡い色への変化を理解する。

③　線描により質感を表現する。

◆　用意するもの

クレヨン，画用紙（八ツ切），鉛筆，雑巾，たけのこ（各グループに1本ずつ）

◆　指導の展開

たけのこを観察して特徴を話し合います

①　たけのこ掘りをする

たけのこ掘りを実際に経験し，みんなでそのときのようすを話し合います。「ずっとずっと掘っていかないと，なかなか出てこなかったね」「地面のなかから栄養をもらって，どんどん伸びていっているんだね」

②　たけのこの特徴を話し合う

掘ってきたたけのこをグループに1本ずつ置き，みんなでさわって，特徴を話し合います。

「毛がはえているね」「お山みたいな形をしている」「下のほうが太くて，上がだんだんとがっている」「洋服をたくさん着ている」

皮をむきながら，何枚も重なっていることや，どのように皮と皮が交差しているかを話し，確かめあいます。そして，1枚の皮をみながら，特徴を話し合います。

5歳児作品「たけのこ」

「線がいっぱいあるよ」「葉っぱのところに線が集まっている」「茶色の洋服を着ているね」「白と黄色と黄土色もまじっている」「ぼつぼつは茶色だよ」「上のほうが濃くて，下のほうがうすくなっている」

③　たけのこを描く

話し合った特徴を整理し，画用紙に鉛筆で下絵を描きます。濃い上の線から，力をぬいて下のうすい線へと描いていきます。さらに，たけのこの皮の質感，量感をだすために，クレヨンの濃淡で表現させていきます。

④　作品を見て話し合う

作品を見て，よくできたところ，むずかしかったところを話し合います。

◆　指導の留意点

①　たけのこの皮の交差しているところを，自分たちで実際に皮を重ねあわせていき，十分に理解させましょう。

②　クレヨンで色を重ねる場合，クレヨンの頭についている他の色を，雑巾でふきとるようにしましょう。

── 描画指導のための基礎知識② ──

♣ 描画材と表現内容との関係

　クレヨン，パス，絵の具，ポスターカラー，フェルトペン，色鉛筆が多くの保育園・幼稚園において，描画材として使われています。そして，「今日はクレヨンで」「こんどは絵の具で描かせよう」といった材料中心になっているところも多いようですが，やはり，描画材は表現内容によって選んでいくべきです。

　たとえば，線描きが中心ですと，クレヨン，パス，フェルトペン，色鉛筆で，面ぬりが主ですと，絵の具，ポスターカラーというふうに，題材と描画材の特性を考えあわせ，使いわけるような配慮が必要です。

　クレヨンは線描きが主で，低年齢の表現活動の材料としてふさわしく，パスより画面がよごれないといった利点があります。

　パスはクレヨンよりやわらかいので，ある程度の面ぬりでも，力がいりませんが，手でこすると画面がよごれやすいので，右手の子は左の上から描いていくと，よごれが少なくなるでしょう。

　絵の具は広い面ぬりが楽にでき，線描きも可能で，幼児にでも筆の使い方によって，質量感がだしやすいのが特色といえるでしょう。ただ，絵の具を使いはじめのとき，用具の準備，扱いかた，かたづけは，ていねいに，きちんと指導して習慣づけておかないと，道具に振りまわされて，肝心の表現活動に重点をおいて展開ができなくなりますので，気をつけましょう。

　そして，子どもに与える色数は，自然界のさまざまなものを表現するのに混色でなくても，自由に使えるように多いほど理想ですが，クレヨン，パスは25色，絵の具は18〜25色のものをそろえておきたいものです。

6月の描画指導

3歳児　6月の活動①

ペッタンペッタン足あとペッタン

◆　指導のねらい

①　筆の使いかたに慣れる。

②　ゆっくりと，左から右へ点を描く。

◆　用意するもの

絵の具，色画用紙（八ツ切½，青緑），筆（太），パレット，水入れ，布

◆　指導の展開

①　足あとあそび

足を洗ったあとにできたみんなの足あとに，興味をもたせます。

みんなで楽しく足あとあそび

Ⓣ「どうして足あとができたのかな」Ⓒ「ぬれていたからだね」Ⓣ「それでは，足をぬらしてもう一回歩いてみましょうか」Ⓒ「うん，歩きたい」

みんなが興味をもって「歩きたい」ということになったら，水の入っているタライに足を入れてぬらしてから歩かせ，できた足あとを確かめさせます。「だれのが大きいかな，比べてみましょうか」と言って，友だちの足あとと比べさせたり，友だちのあとをたどって歩かせたり，横歩きしてできる足あとを見せたりして，足あとあそびを十分にさせます。

水でできた足あとは，すぐ乾いて見えなくなってしまうので，ベランダに大きな紙を敷いて，絵の具を溶いて足につけてできた足あとを見てみます。また，地面にできた足あとを見たりして，いろいろな足あとを知る体験をさせます。

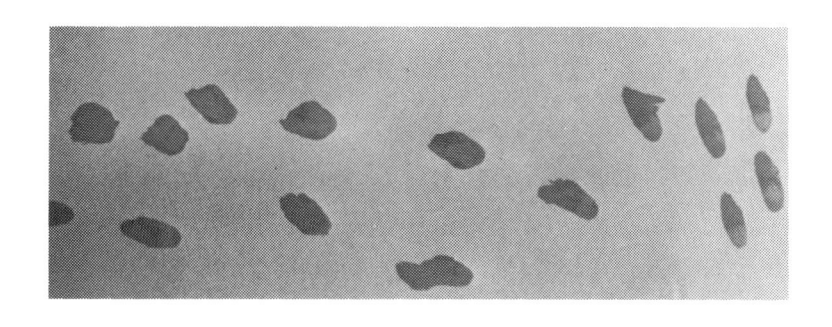

3歳児作品「足あと」

② 筆を持つ

　足あとをいっぱいつけてあそんだことを思い出させ,「今日は絵の具を使って,絵の具の足あとを描いてみましょうね」と話しかけます。

　筆を配り,筆の持ちかたを一人ひとり見てあげて,「足あとペッタン」と言ってテーブルの上や手の平にゆっくり筆をおかせます。「そっとやさしく筆をおくとくすぐったいね。エイッて力を入れると,毛がバラバラになってイタイヨーって泣くから,そっとやさしくね」とことばをかけ,「そーっとそーっと」と言いながら筆をおいていきます。

　次に,画用紙の上で「ペッタンペッタン」と,筆をおく練習をします。左から右へと歩く方向も,知らせます。

③ 絵の具で描く

　絵の具はあらかじめ器に,教師が溶いておきます。まず教師が,画用紙に「ペッタンペッタン足あとついた」と言いながら描いてみせます。「絵の具はね,筆にいっぱいつけたままだとポタポタおちて紙が汚れるから,グルグルって絵の具をつけたら,器のふちでナデナデしてあげましょうね。そうするとポタポタしないできれいに描けますよ」と指導してから描かせます。

④ 作品を見て話し合う

　力の入れぐあいで,大きいものから小さなものまで,いろいろ描けます。
　Ⓣ「これはだれの足あとかな」Ⓒ「ぼくの」「○○ちゃんの」「犬の」「○○ちゃんといっしょに歩いているときの」と,さまざまな答えが返ってきます。

　足あとひとつでも,お話はできます。それで,よりいっそう子どもの興味がでてきて,描く楽しさを味わうことができます。

3歳児　6月の活動②
ちいさな花がいっぱいのあじさい

◆　指導のねらい

①　密集する美しさのなかに，量感を感じとることができる。

②　有彩色のさえた色にそれぞれ白を混ぜて，明るくやわらかい感じの色を表現する。

◆　用意するもの

絵の具，色画用紙（八ツ切$\frac{1}{4}$を2枚，鉄こん色），筆（太），パレット，水入れ，布，色紙，はさみ，のり，あじさいの花

◆　指導の展開

①　あじさいの花をみる

あじさいがようやく色づきはじめたころから室内に飾り，見たりふれたりしながら観察することを重ねます。子どもたちも色の変化に気づき，散歩に出たときでも，関心が高まるようになります。

②　ちぎり紙であじさいをつくる

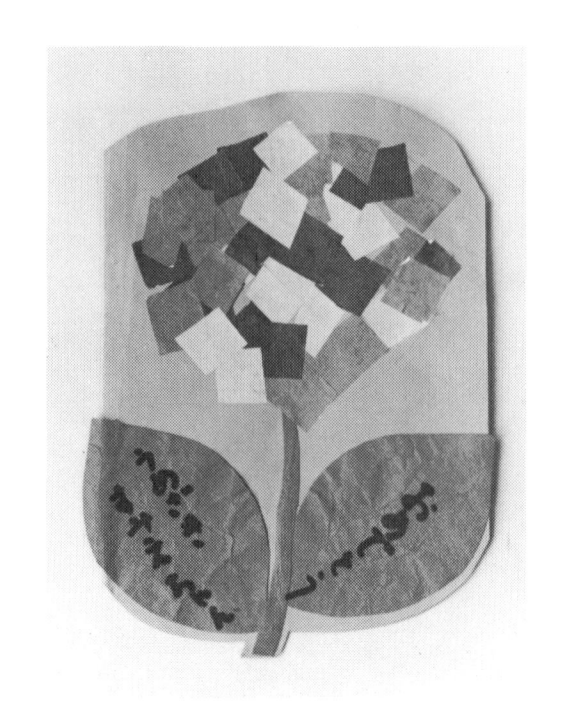

あざやかな色になるころにあわせ，製作にかかります。あじさいの花をよくみて，小さい花びらがいっぱい集まっていることを観察します。「どの色が似ているかしら」と子どもたちに問いかけ，色紙のなかから，花に似ているものを選びます。指先でちぎり，画用紙に，長丸の形になるように中心から貼っていきます。教師が細長く切っておいた色紙を，はさみで四角に切って花びらをつくり，密集しているようすをわからせながら貼ってもよいでし

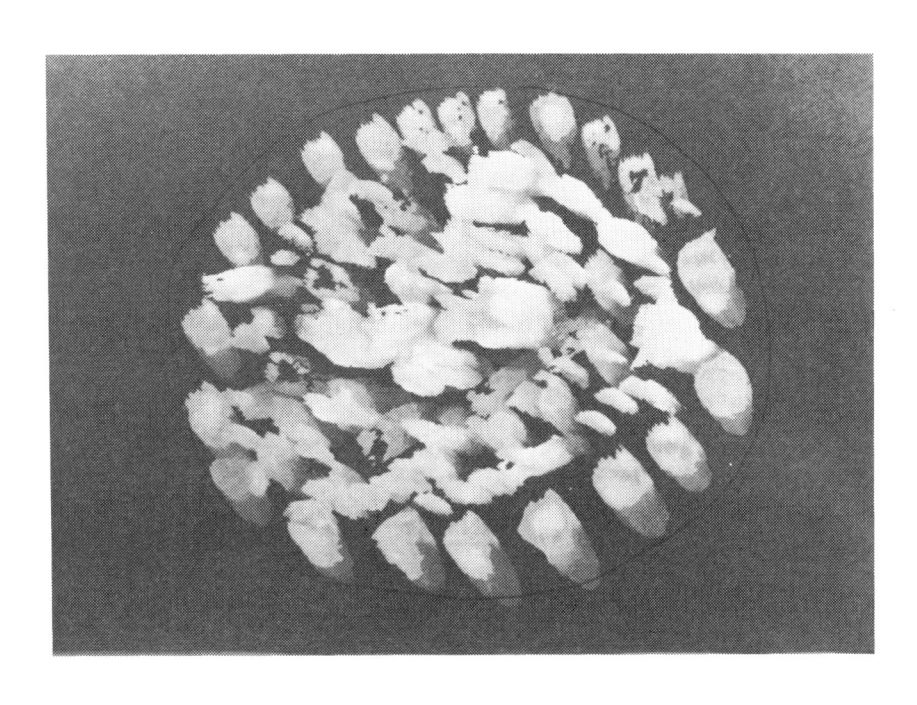

3歳児作品「あじさい」

　ょう。
　③　絵の具であじさいの花を描く
　「きのうは，色紙であじさいの花をつくったけれど，今日は絵の具で描いてみましょう」と話しかけ，興味をもたせます。
　絵の具のなかから，あじさいの花と比べながら，いちばん近い色を選びます。花の色がうきたつ鉄こん色の画用紙に，花の大きさのかこみ線を，教師がうすく鉛筆で描いておきます。
　パレットに選んだ花の色（青，紫，赤紫，黄緑など）を，ごはん粒2～3粒くらい出させ，白を1粒くらい出させます。
　絵の具を使う手順を知らせます。まず筆をぬらし，軽く布の上においてから，花の色の絵の具を溶き，白を筆先につけます。台紙のかこみ線の中央から外にひろがっていくように，点描します。2色の絵の具を使うことによってできる色の美しさ，濃淡の変化をわからせます。
　④　作品を見て話し合う
　できあがった作品をみんなで見合ったあと，6月のお誕生カードづくりへと発展させていきます。

4歳児　6月の活動①

十文字の花のドクダミ

◆　指導のねらい

①　花びらの集合状態を構成することを学ぶ。

②　同じ色でも，薄ぬり厚ぬりで，いろいろな感じに変化することを理解し，白と黄との配色の美しさを知る。

◆　用意するもの

絵の具，色画用紙（八ツ切½，こげ茶），筆（細），パレット，水入れ，布，粘土

◆　指導の展開

①　ドクダミの花に興味をもつ

散歩に出てドクダミの花をみて，あでやかな花のようすを説明します。

②　花びらの状態を知る

4枚の花びらが，十文字のようになっている状態や花芯のようすを理解できるように，時計の文字盤（3時，6時，9時，12時）を使って，上下左右の形をわからせます。時計づくりの工作のあとなら，よりいっそうわかりやすいでしょう。

③　粘土を使う

粘土で，花びらの構成を一人ひとりおこなわせます。小さくまるめた粘土を，花芯の形にして，棒状にしたものを適当に切り，それを，手で花びらの形にして，上下左右

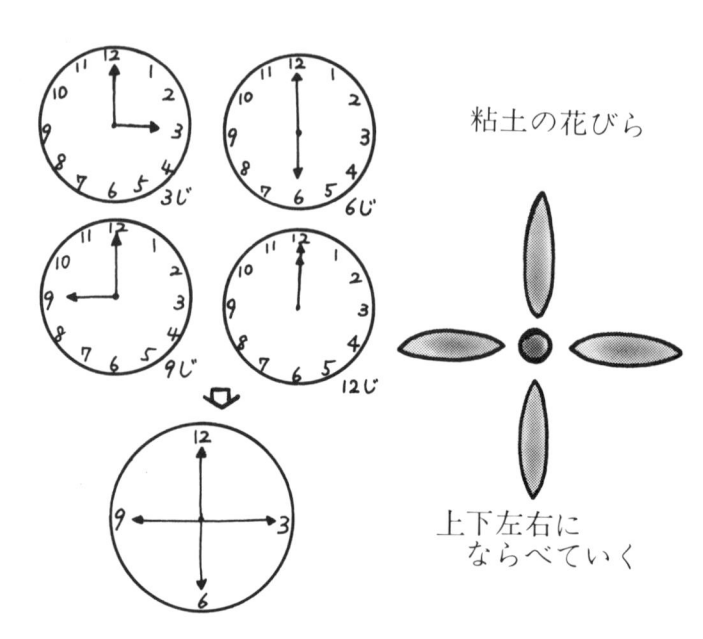

粘土の花びら

上下左右にならべていく

4歳児作品「ドクダミ」

におかせていきます。

④ 筆の持ちかたを確認する

　描画材を準備したら，筆に絵の具をつけずに，画用紙の上で，上下左右に筆をおかせてみます。

⑤ 絵の具で花を描く

　絵の具のなかから花の色を選び，パレットにだします。筆に水をつけて，水入れのふちでよく切ってから，絵の具をつけます。

　中心の花芯（点）から描き，上下左右のリズムで筆をゆっくりとおきながら，花びらの形を描かせます。

⑥ 葉を描く

　できた作品を見合って，葉を描き加えることを話します。葉はどんな色かよく考え，絵の具のなかから選ばせ，描かせていきます。

◆ 指導の留意点

　筆に絵の具をつけすぎたり，また，ついていない筆でさらに描こうとする子どもがいたら，そのつど注意してあげましょう。

############ 4歳児　6月の活動② ############

一つひとつの花を見てあじさいを描こう

◆　指導のねらい

① 密集する美しさのなかに，量感を感じとる。

② 花の集合が長丸に近いことを知る。

③ 上下左右の花びらを，点描の組み合わせで表現する。

④ 有彩色のさえた色に，それぞれ白を混ぜて，明るくやわらかい感じの色で表現させる。

⑤ 明るくあさい色調を理解する。

◆　用意するもの

絵の具，色画用紙（八ツ切$\frac{1}{4}$，深緑か鉄こん色），筆（太，細），鉛筆，のり，折り紙，あじさいの花

◆　指導の展開

① あじさいをよく観察する

園庭に咲くあじさいの成長に目を向け，日ごとに変化していく花の色の美しさに気づかせます。そしてクラスの花びんにさし，花の特徴を，教師と子どもたちとの対話を通してとらえさせていきます。

Ⓣ「花がたくさん集まっている」Ⓒ「花びら4枚ある」「むらさきの花と水色の花，そして白い花もあるよ」「花のまんなかに，うすいみどりの点がある」

② 貼り絵をする

グループごとにさしておいた花を見て，それぞれの色にあった折り紙を用い，貼り絵であじさいを表現してみます。

折り紙は，その花の色の濃い色からうすい色までの明度差のちがうものをいくつか与え，立体感をもたせるようにします。

貼り絵による「あじさい」　　　　　　　　　4歳児作品「あじさい」

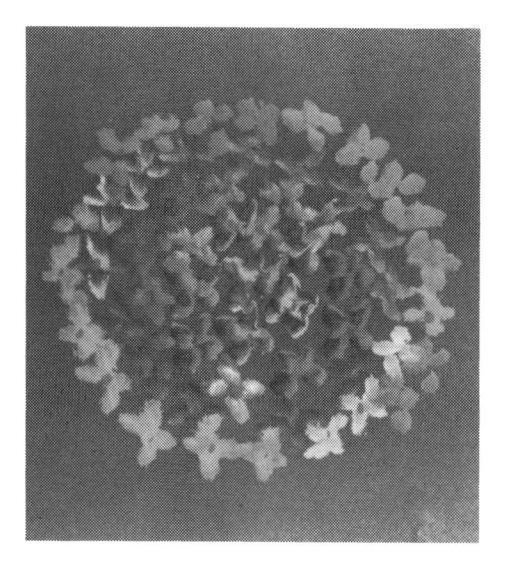

③　絵の具で描く

　前回話し合った花の特徴をもういちど確認しあい，貼り絵で表現したあじさいを，こんどは絵の具で表現してみようと話します。

　色画用紙を配り，花の集合の形と大きさを話し合ってから，鉛筆でうすく長丸を描かせます。

　あじさいの色がどんな色からなっているかを考えて選ばせ，必要な色をパレットに出させます（青，紫，赤紫，黄緑，白など）。

　4枚の花びらの表現は，時計の文字盤の例を用い，「12時，6時，3時，9時」と声を出しながら，ゆっくり筆をおいていきます。

　長丸の中心から，濃淡の変化をつけながら，だんだん広げていきます。花びら4枚の中心に，黄緑の芯があることに気づかせ，細筆で点描させます。

◆　指導の留意点

　混色の方法としては，有彩色に白をパレットの上でよく混ぜて，濃淡の変化をつけていく方法と，有彩色をつけた筆に，直接白をつけて彩色していく方法とがあります。

◆　関連題材

　マーガレット

||||||||||||||||||||||||||||| **5歳児　6月の活動** |||||||||||||||||||||||||||||
あじさいの花の色をよく見て描こう

◆　指導のねらい

①　上下左右の花びらの形がわかり，花の集合が長丸に近いことを知る。

②　混色によって，花びらの明るく柔らかい感じを表現する。

◆　用意するもの

絵の具，色画用紙（27×31cm，灰色がかった黄緑色），筆（中，細），鉛筆，あじさいの花（青紫，紫系，桃系）

◆　指導の展開

①　あじさいを観察する。

Ⓣ「あじさいは，どんな形をしていますか」Ⓒ「丸いかたまりになっている」「花びらが何枚もくっついているよ」「花が重なっているよ」

花を1本ずつ子どもたちに配り，花がたくさん集まって1つのかたまりになっていることを確認させます。

Ⓒ「先生，たくさん花がついているんだね」Ⓣ「花びらは上下左右に分かれていますね」Ⓒ「花のまんなかに白っぽいつぶがあるよ」Ⓣ「花の色はどんな色に見えますか。最初に青いあじさいはどうですか」Ⓒ「青，紫が見える。水色も白も見えるよ」Ⓣ「紫のあじさいはどうですか」Ⓒ「紫，青，赤紫，白，ピンク」Ⓣ「ピンクのあじさいはどうですか」Ⓒ「ピンク，白，紫」Ⓣ「ずいぶんたくさんの色が見えましたね。こんどは，あじさいの色を絵の具でつくってみましょう」

②　色表をつくる

絵の具を準備し，青，紫，ピンクを，a水でうすめる，b白を混ぜる，c灰を混ぜる，という方法で色表をつくっていき，どの色がいちばん実物に似ているか話し合います。

〈色　表〉

	a	b	c
青	水でうすめる	白	灰
紫	水でうすめる	白	灰
ピンク	水でうすめる	白	灰

③　花を描く

色を決めたら，画用紙に，花の集合（長丸）を鉛筆でうすく描き，中央から上下左右に，花びらを描いて長丸まで広げていきます。

④　葉を描く

次に，葉の特徴を話し合います。

⑰「葉の形を見てください」ⓒ「まわりがギザギザしているよ」「葉脈がたくさんあるね」「葉っぱが花のかげで見えないところがあるよ」⑰「葉の色は，どんな色が見えますか」ⓒ「深緑，ビリジァン」「もっと違う色だよ」

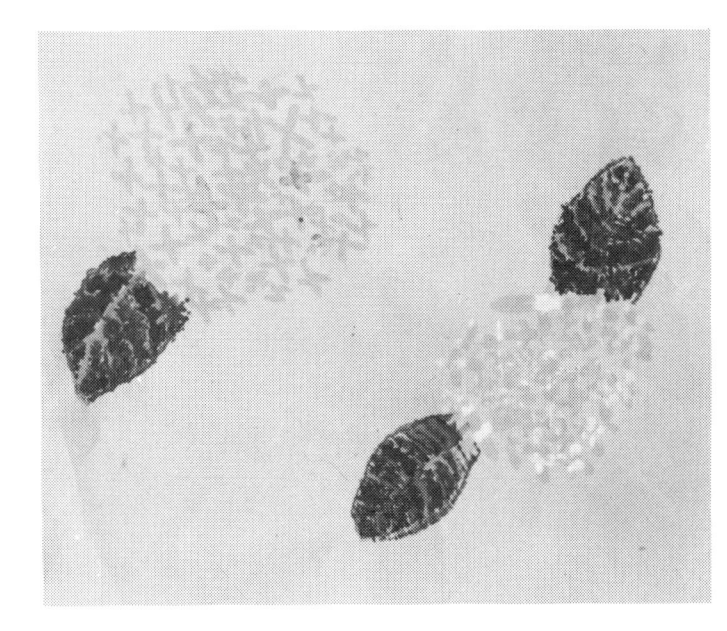

5歳児作品「あじさい」

そこで，色をつくってみることにします。絵の具を混色し，色をぬります。鉛筆で輪郭を描き，葉脈を細筆で描いてから，葉脈の間を点描で描いていきます。

⑤　作品を見て話し合う

全員が描き終わってから，1枚ずつ見ていきます。

「花のかたまりが小さすぎるよ」「花びらが大きすぎたよ」「色がとてもきれいだね」「花と花の間のすき間がありすぎるね」「水を入れすぎて，うすい色の花びらだね」などと，子どもたちに指摘させます。

◆　指導の留意点

つくった色表は，あとあとにも使えるようにしておきます。同じ方法で，他の色においても色表づくりをしておくとよいでしょう。

◆　関連題材

放射線状に開いた花びら（コスモス，マーガレット）

描画指導のための基礎知識③

♧ 卓上の準備のしかた（水彩絵の具の場合）

〈個人もち絵の具の場合〉

・絵の具

・筆（最低，6号と12号ぐらいの太さの筆で，毛がかたくなく，毛先がきれいにとがって，そろうもの）

・パレット（絵の具をだすところと，混ぜるところがあるもの）

・水入れ（筆を洗うところが，三つぐらいに区切ってあるもの）

・やわらかい布大（ガーゼのハンカチでもよい）・小（10cm² ～ 5 cm²くらいのもの）（筆につけた水をふくのと，絵の具の口をふく布）

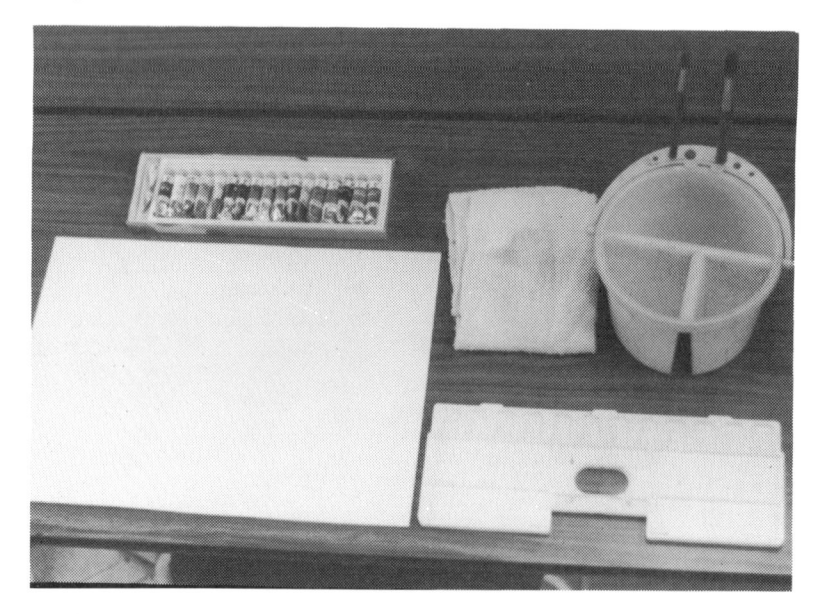

〈集団用絵の具（ビン入り）の場合〉

　指導者が水に溶いて渡しますが，題材に応じた必要な色を，できるだけ多くの小皿にだし，いろいろな色が使いやすい条件をつくることがたいせつです。また，水の量が多くてうすくなっているケースがよくあるが，絵の具の濃さに気を配ることが必要です。

7月の描画指導

3歳児　7月の活動
お話を聞きながら描こう──草と花

◆　指導のねらい
　①　細い線と小さな点とを組み合わせる。
　②　筆の使いかたを覚える。

◆　用意するもの
　絵の具，色画用紙（八ツ切$\frac{1}{3}$，肌色），筆（12号），パレット，水入れ，布，鉛筆

◆　指導の展開
　①　描く準備をする
　肌色の色画用紙を見せ，「今日はこのきれいな画用紙に，お話を聞きながらすてきな絵を描いてみましょう」といって，絵の具の用意をさせます。
　パレットに，茶色を米粒3粒くらい出させます。筆をよく洗い，水をきりながら，毛先をよくとがらせます。筆がぐちゃぐちゃにならないように，毛先を使いながら，そっと絵の具を溶かします。
　筆に絵の具をよくつけさせてから，話をはじめます。
　②　話を聞きながら描く
　(イ)　地面を描く（絵の具）
　「ある小さな村に，小さな原っぱがありました。そこには，小さな細長い地面がありましたが，だんだん太い地面になりました」ということで，茶色の絵の具で横線を重ねていき，地面をつくります。
　(ロ)　種子を描く（鉛筆）
　「地面ができると，ミツバチやチョウチョが飛んできて，『何もないのはつまらない。お花の種をまきましょう』と，せっせと種子を運んできました」といって，子どもたちに，鉛筆で小さな種子を，そっと描かせます。
　(ハ)　草を描く（絵の具）
　「ミツバチやチョウチョは，はやく芽が出ないかと，毎日見に来ました。

3歳児作品「草と花」

暖かい日が続きます。雨も降りました。芽を出した種子は，だんだん大きくなりました」

　緑の絵の具も米粒3粒くらい出させ，筆をよく洗い，毛先をそろえてから絵の具をよく溶かします。鉛筆で種子をまいたところから，下から上への線で先がすっととがった草を描いていきます。どの種子からも全部草が出るように，ていねいに描いていきます。

　(二)　花を描く（絵の具）

　「緑の草がたくさんの，すてきな野原になりました。ミツバチたちは，はやくお花も咲いてくれればよいのにと，待っています。――やっと，黄色いお花が咲きました。小さなかわいいお花でした」

　黄色の絵の具を，米粒1粒くらい出させます。

　「だいだいや赤いお花も，次々に咲きました」

　だいだい，赤の絵の具も，米粒1粒くらいずつ出させます。黄色，だいだい，赤の順に，小さなかわいい花を，点々と咲かせていきます。色を変えるときは，筆をきれいに洗ってから，次の花を描くようにします。

　③　作品を見て話し合う

　みんなの野原が描けたら順番につなげて貼り，チョウチョやミツバチが喜んできそうなところはどの辺かなと，みんなで話し合います。

◆　**指導の留意点**

　話のくぎりで全員が描けるまで待ちながら，ゆっくり描かせましょう。

4歳児　7月の活動
たくさんの花びら白いマーガレット

◆　指導のねらい

① 中心から放射状に細長い線を描く。

② 大まかな形のよみとりができる。

◆　用意するもの

絵の具，色画用紙（10×30cm，モスグリーン，うす茶色），筆（太），パレット，水入れ，布，マーガレット，器

◆　指導の展開

① マーガレットを観察する

濃い緑の葉のなかにあるまっ白なマーガレットの美しさ，全体の美しさを観察します。絵を描くときは，マーガレットがより美しくみえるように，水の入った器に花を浮かべて飾ります。

器に浮かべたマーガレット

マーガレットはどんな形か聞き，「まるい」ことをわからせます。花びらでできている丸と，まんなかの小さな丸があることに気づかせます。

花びらはどうなっているかを聞きます。細長い舟みたいな形でたくさんあり，上下，左右，斜め，その間にも花びらがあって，丸くなっていることに気づかせます。まんなかの丸は，濃い黄色の丸で，小さなぷつぷつがたくさんあることも，よく見せます。

② マーガレットを描く

(イ) 指で描く

指でまんなかの丸を描かせ，そこから出ている花びらを，上下，左右，斜めに，丸のところから放射状に描かせます。

(ロ) 画用紙を選ぶ

モスグリーンの色画用紙とうす茶色の画用紙を見せ，どちらに描いたら，

4歳児作品「マーガレット」

白いマーガレットがきれいにみえるか考えさせます。そして，好きなほうを選ばせます。

　(ハ)　絵の具で花芯を描く

　白い絵の具を米粒3粒，黄色を米粒1粒くらい，パレットに出させます。筆をよく洗い，毛先をそろえて水気を十分切ります。パレットに出した黄色の絵の具を毛先につけて，中心から小さな小さな点描で，小さな丸を描きます。このときは，筆を直角にまっすぐ立て，毛先だけで描かせていきます。

　(ニ)　絵の具で花びらを描く

　中心の丸が描けたら，まっ白な美しさをはっきりだすため，水をつけすぎずに，白い絵の具で上下，左右，斜めを描かせます。丸い感じをだし，マーガレットに見えるように，花びら1枚1枚をていねいに描くようにさせます。3～4個描けたら，黄色のなかに白が入りすぎたり，白の花びらに黄色が混じっていないかどうか見直して，よく乾かしてから，それぞれの色で描き加えるようにさせます。

　③　作品を見て話し合う

　みんなのマーガレットが描けたら，花畑のように並べ，話し合いをします。

◆　**指導の留意点**

　①　花びらは，水が少なすぎても描きにくいので，気をつけさせましょう。
　②　絵の具が途中で不足したら，いつも米粒くらいを出すようにさせます。
　③　2色の色画用紙に描いたものを並べて比べるのもよいでしょう。

|||||||||||||||||||||||||||||||| **5歳児　7月の活動①** ||||||||||||||||||||||||||||||||

平均台でひっぱりっこしよう（紙版画）

◆　**指導のねらい**

　動きのある人間の組み立てを，版画で表現する。

◆　**用意するもの**

　色紙，画用紙（厚手，うす手），ざら紙，のり，はさみ，版画用具一式

◆　**指導の展開**

　①　紙人間をつくる

　色紙で簡単な紙人間をつくり，いろいろな動作をしているところを組み合わせて，あそびます。

　〈つくりかた〉（図－1）

　(イ)　正方形の色紙を縦に4等分し，1つだけ切りとって$\frac{3}{4}$を使います。

　(ロ)　長方形になった色紙を，横に半分に切ります。

　(ハ)　2枚になった色紙を，2通りの方法で，それぞれ半分に切ります。

　(ニ)　横長のほうを，さらに半分に切り，4枚にします。

　(ホ)　縦長のほうの1枚だけを4等分にし，1つだけ切りとって$\frac{3}{4}$残します。

　ここまでできたら並べてみます。（図－2）

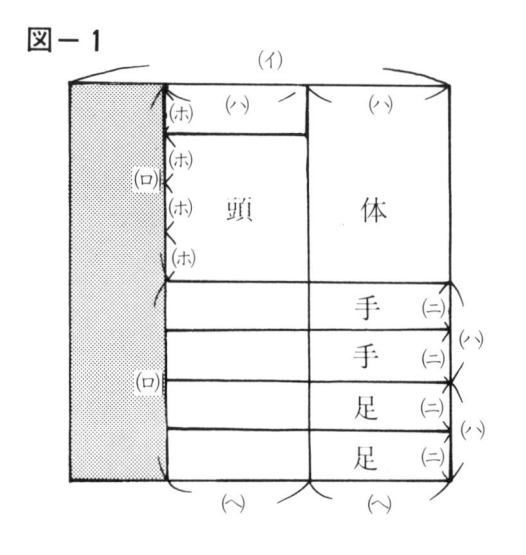

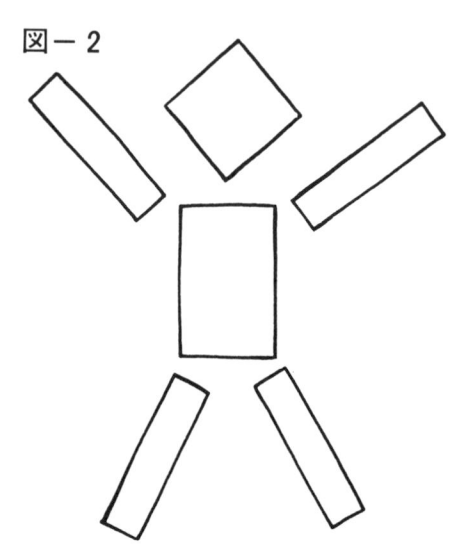

この紙人間であそべる動作をやってみます。そして、手や足が曲がらないと複雑な動作ができないことに気づかせ、どうしたらよいか考えさせます。

(ハ) 手、足の関節の部分を理解させたら、半分に切り、手と足をそれぞれ4枚ずつにします。

全部切れたら、もういちど並べて、各部分の名称をはっきりさせ、いろいろな動作をやって十分あそびます。モデルをだして、モデルのとおりに組み合わせてみるのもよいでしょう。

② 平均台であそぶ

外に出て、平均台でひっぱりっこをしてあそびます。ひっぱりっこのときにどんな体形になるか、友だちがやっているのをよく見させます。また、自分がやるときはどうなるか、考えさせます。

③ 紙人間でひっぱりっこを再現する（図－3）

(イ) 平均台になる厚手の画用紙を用意し、その上でも、紙人間のひっぱりっこができるかどうかやってみます。ひっぱりっこは2人でやるので、友だちのと組み合わせてやります。

(ロ) 手、足の先が細くなっているところに気づかせ、細いところは細く切っていきます。

(ハ) 全部できたら、厚手の画用紙に、はがれないようにのりで貼ります。

(ニ) 貼りつけたら、各関節と首のつながりのところに気づかせ、離れている部分を、鉛筆で丸みをつけながらくっつけます。

(ホ) 手首、足首がないことに気づかせ、残った色紙を切って、自分の足を見ながら、しっかりつかめる手、ふんばれる足を貼ります。

図－3

④ 紙版画をつくる

のりが乾いたら，つながりのところをよく見て，切り抜きます。頭は，丸みをつけて切ります。

ズボンやスカートをはかせたい子どもは，切り抜いた体形に合わせて，厚手の画用紙に描き，切り抜いた人間の画用紙側に貼らせます。そして，うす手の画用紙に平均台を貼り，その上に友だちとひっぱりっこをしているものを貼りつけさせます。

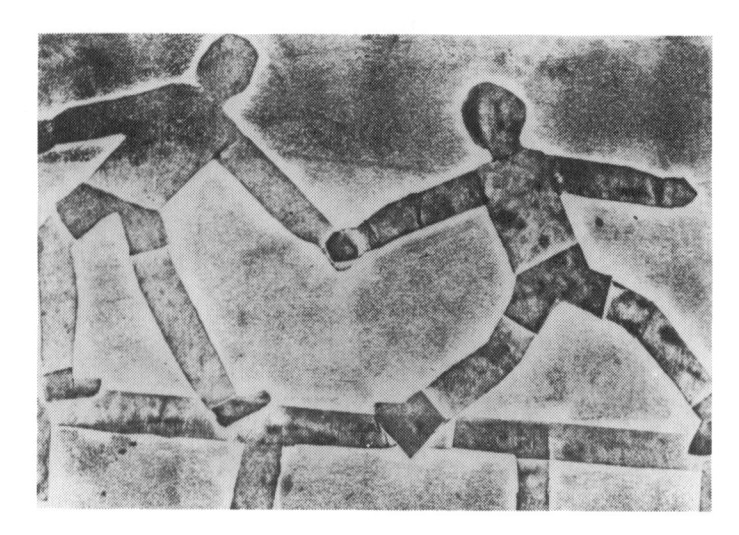

5歳児作品「平均台でひっぱりっこ」

のりがよく乾いたら，インキをつけ，ざら紙をあて，バレンでよくこすります。インキは教師がつけます。バレンでこするのは，はじめから子どもにやらせますが，教師もすこし手伝って，刷りむらができないように気を配ります。

⑤ 作品を見て話し合う

できあがったら，よく乾かして壁に貼ります。ひっぱりっこの版画がうまくいったかどうか，また時間をかけてつくりあげてきたことについて，みんなで話し合います。

◆ 指導の留意点

① 正面から横向きへ発展させ，横向きのときには体が細くなることや，重なる部分がでてくることなどを，時間をかけて理解させましょう。

② 白ボールなどで大きい人形をつくり，はと目で関節が動くようにしておくと，子どもたちがいつでもあそべてよいでしょう。

◆ 関連題材

かけっこ，なわとび（動きのあるもの）

5歳児　7月の活動②
つぶつぶいっぱいとうもろこし

◆　指導のねらい

① 同じ大きさ，同じ形の実が，順序よく並んでいることに気づく。

② 黄緑の皮と黄系統の実が，よく似た色のなかまであることを知る。

③ 色相の類似による統一感を知る。

◆　用意するもの

絵の具，色画用紙（八ツ切½，灰みがかった黄緑），筆（中，細），パレット，水入れ，布，鉛筆，粘土，とうもろこし（2人に1本）

◆　指導の展開

①　とうもろこしを観察する

みんなで八百屋さんへ行き，夏の野菜やくだものを見てきます。そして，とうもろこしを買ってきて，教室のなかでとうもろこしに似ている形，色をさがさせます。

とうもろこしの皮を1枚1枚むいていき，特徴をつかませます。

「細長い形をしている」「先のほうは少しとがっている」「実がたくさん並んでいる」

②　粘土で表現する

片面だけ皮をはいだとうもろこしをみながら，粘土で立体的に表現させます。サインペンのキャップなどを使い，きれいに押しながら，実をつくっていきます。

きちんと実が並んだかな

5歳児作品「とうもろこし」

③ 鉛筆で描く

画用紙に指でだいたいの形をとり，それから，鉛筆でうすく輪郭を描いていきます。実の一つひとつまでは，鉛筆では描きません。

④ 絵の具で描く

皮の色，実の色を話し合い，皮は黄緑，白，深緑，実は黄，白，黄土，茶を，それぞれパレットにだします。

実を描くときは，水を切った細筆で，左から右に，きれいに並べていきます。明暗の調子をうまくだしながら，実の表現が平坦にならないように注意します。

ひげの部分を，白，茶，こげ茶で彩色します。

⑤ 作品を見て話し合う

できあがった作品を評価しながら壁に貼っていき，誰のとうもろこしの色がおいしそうに見えるかなどを話し合って，ゆでたとうもろこしをみんなで食べます。

◆ 指導の留意点

実の彩色のときは水を少なめにして，かたい質感をださせましょう。

◆ 関連題材

麦の穂，ぶどう，ひまわりの種，とうもろこしを食べているわたし

8月の描画指導

3歳児　8月の活動

シュッシュッパチパチ花火がきれい

◆　**指導のねらい**

①　中心点から放射状に，点描で描く。

②　暗色に映えることを知る。

◆　**用意するもの**

絵の具，色画用紙（八ツ切，暗色系），筆（中），パレット，水入れ，布，水を入れたタライ，花火

◆　**指導の展開**

①　なんだろう

部屋に，水を入れたタライを置きます。そして，長い筒状にまいた紙の中に花火を入れて，子どもたちの前にもってきます。

Ⓣ「このなかに何が入っているのかしら。みんなで当ててごらんなさい」Ⓒ「歯ブラシ」「クレヨン」「棒」Ⓣ「さあ，どうかな。みんなでさわってみましょう」Ⓒ「かたい」「何かなあ」

教師は静かに，紙をひろげます。

Ⓒ「わあー，花火だ」「ぼく，やったことある」「わたしも」「これ，何ていう花火かな」「パチパチ花火だっけ」「ぼくも花火をしたことあるよ。花火でやけどをしたことあるよ」Ⓣ「花火をするときは，大人といっしょにする約束ですね。今日は先生がもってきた花火をしましょう」Ⓒ「わーい」

子どものなかから代表を選び，タライの上で花火をします。

②　花火の色をみる

Ⓣ「花火はどのようになっていましたか」Ⓒ「上にも下にもでたよ」

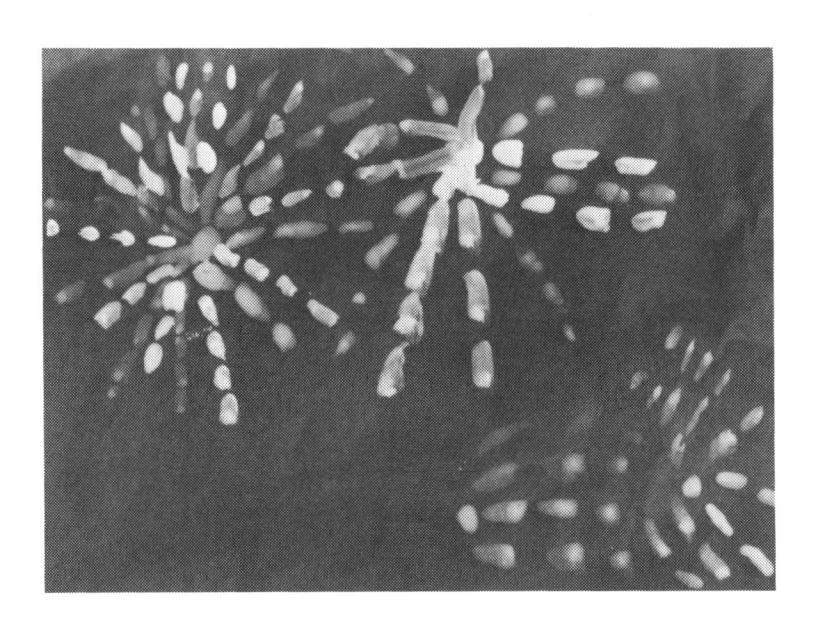

3歳児作品「花火」

　火花のでるようすを「パチパチ」などと，ことばと手で表現させます。
　Ⓣ「色はどんな色かしら」Ⓒ「黄色」「赤いのもあるよ」「オレンジ色の花火もある」「青いのもあるよ」Ⓣ「花火ってほんとうは，明るいときより，暗いときのほうがきれいね」Ⓒ「うん」「夜のほうがきれいだ」Ⓣ「そうね。夜のほうがはっきり見えますね。これから，花火を描いてみようと思うけれど，白い画用紙がよいかしら。暗い色の画用紙がよいかしら」Ⓒ「暗い色」
　③　花火を描く
　暗色系の画用紙を配り，花火の色を選びます。画用紙の上に「シュー」とか「パチパチ」とか声をだしながら，放射状に指を動かし，次に，絵の具をつけない筆で動かしてみます。
　パレットに絵の具をだし，画用紙に花火の中心点を決め，そこから放射状に（上に，下に，左右に，斜めに）「シュッ，シュッ」と言いながら，点描で描いていきます。
　④　作品を見て話し合う
　できた作品を展示し，きれいな花火はどれか，子どもどうしで話し合わせます。

||||||||||||||||||||||||||| 4歳児　8月の活動 |||||||||||||||||||||||||||

ぼくのおとうさん大きな顔なんだ（紙版画）

◆　指導のねらい
　①　顔の大きさ，目，鼻，口の位置関係を確かめる。
　②　貼り絵版画の性質を知る（貼り重ねていかないと凸凹ができない）。

◆　用意するもの
　画用紙（八ツ切，厚手，ひとり2枚），のり，はさみ，鉛筆，新聞紙，布，

◆　指導の展開
　①　おとうさんについて話し合う
　Ⓣ「みんなのおとうさんは，どんな人かしら。どんなお仕事をしていますか。家にいて，みんなとどんなことをしてあそんでくれますか。そして，どんな顔かしら」
　子どもたちに，自分の父親についていろいろ意見をださせます。
　Ⓣ「では，今日帰ったら，おとうさんの顔をよくさわって，どんな顔かよく覚えてきてくださいね」
　翌日，また話し合いをします。
　Ⓣ「おとうさんの顔はどうだった」Ⓒ「ぼくのパパ，目がへこんでいた」「さわったら，ひげがチクチクしていたかった」「髪がパサパサしていた」「わたしの顔より大きかった」「鼻が高くて，とびでていた」
　②　鉛筆で描く
　画用紙を1枚ずつ配り，それを顔にあて，紙の上から「ぼくの目はここ」「口はここよ」と言って，顔の位置を確かめあいます。おとうさんの顔は自分たちより大きかったということで，紙の上から，「目はこのあたり」「鼻はこのあたり」と，しるしをつけ，鉛筆で顔を描いていきます。
　③　はさみで切り抜く
　顔のいちばん外側の線を切り抜き，原版の元をつくります。

④ 貼り絵をしていく

髪,目,鼻など,自分があらわしたいものは,それぞれ貼っていかなければならないことを理解させます。

各部分に,貼るものの形を描いて切り抜き,原版の位置においてみます。

位置をよく確かめながら,ちょうどよい位置に貼ります。

ひげ,歯,髪の毛,目など,細かいところは,最後に貼ります。貼った上に手をおき,目をつむって,凸凹の感じをわからせて,貼っていない箇所がないかどうか確かめます。

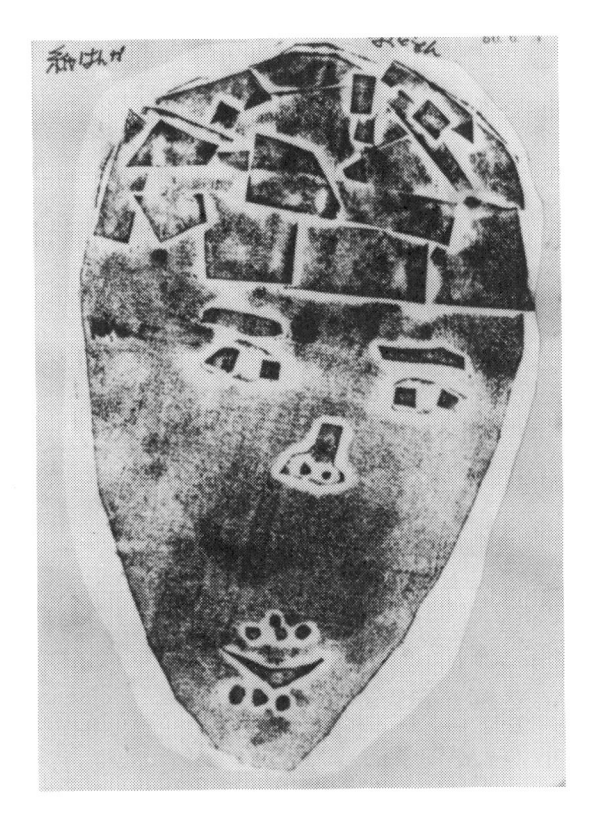

4歳児作品「おとうさん」

⑤ 印刷をする

原版の上に,インキのついたローラーをころがして,新聞紙でためし刷りをします。よくうつるようになったら,うつし紙を使って印刷します。

⑥ 作品を見て話し合う

できあがった作品を並べて,できあがりのちがいを,原版とあわせて見ていきます。

◆ 指導の留意点

ローラーにインキをなじませ,インキをよくのばしてから,原版につけるように,注意しましょう。

◆ 関連題材

福わらい,友だちの顔

5歳児　8月の活動
にぶい色だけどおいしそうなわらなっとう

◆　指導のねらい

①　線でかたまりを表現する。

②　わらのふくらみと豆の質感を表現する。

③　子どもたちにとって，経験の少ない，にぶい色調の美しさに気づかせる。

◆　用意するもの

絵の具，画用紙（八ツ切$\frac{1}{2}$），筆（中，細），パレット，水入れ，布，鉛筆，わらなっとう

◆　指導の展開

①　なっとうの特徴を話し合う

朝ごはんに何を食べたか話し合い，そのなかで，なっとうの話に集中させます。

「ねばねばしていて口にくっついた」「箱みたいなものに入っている」

用意したわらなっとうを見せ，特徴をつかませます。

「わー，わらのなかになっとうが入っている」「どうして落ちてこないのだろう」「わらがたくさん集まって，かたまっているから落ちないんだ」「わらはやわらかいから，丸くなるんだね」「なっとうが入っているところは，お山のようにふくらんでいる」

②　わらを描く

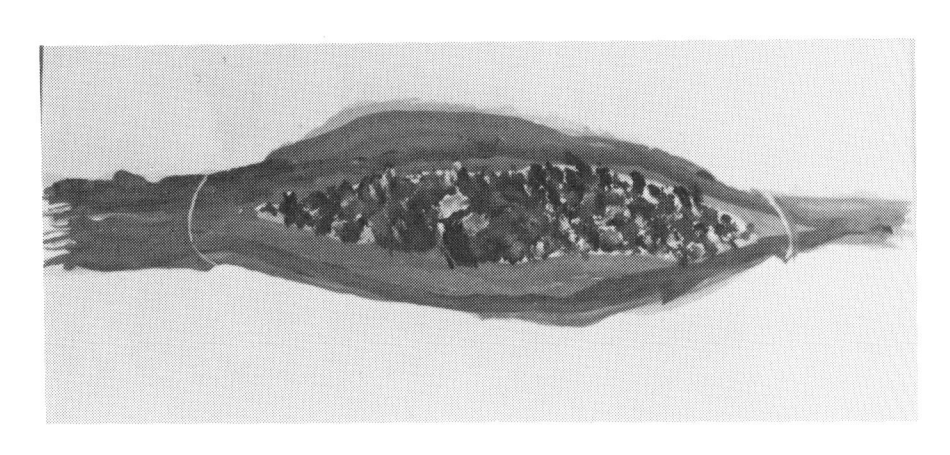

5歳児作品「わらなっとう」

　画用紙の上にのせ，輪郭をつかませてから，鉛筆でうすく描かせます。

　わらの色を話し合い，黄土，レモン，ぞうげ，山吹，黄緑，灰，茶，肌色をパレットにだします。

　うすい色から細筆で，線描を用いて，1本1本のわらの集まりを表現していきます。

③　なっとうを描く

　なっとうの色を話し合い，こげ茶，茶，白をパレットにだします。

　筆の水を布できり，パレットにだした絵の具をとって，直接紙の上で混色をしていきます。筆の先をまわしながら，なっとうの粒の丸みをだしていきます。

④　作品を見て話し合う

　できあがった作品を見て，わらやなっとうの特徴をあらわせたか，また，今まであまり使わなかった色を使ってどう感じたかなどを，話し合います。

◆　**指導の留意点**

　なっとうの粒の質感がにじんでこわれないように，彩色の際，水の量に注意させましょう。

◆　**関連題材**

　とうもろこし

―― 描画指導のための基礎知識 ④ ――

♣ クレヨン，パス，筆の持ちかた

〈クレヨン，パスの正しい持ちかた〉

◀ この持ちかたですと，面もぬりやすく，折ることが少ないです。

▶ この持ちかたですと，力を入れすぎて，折ることが多いようです。

〈筆の正しい持ちかた〉

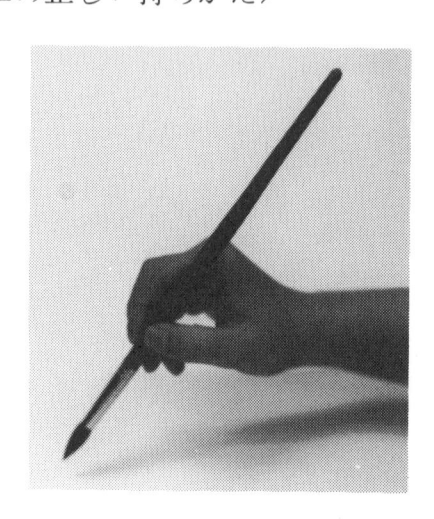

筆の太さによって番号がちがいます。
　0～5号＝細い線を描く筆
　6～8号＝中ぐらいの筆
　12号以上＝太い線を描く筆
筆には丸筆と平筆があります。幼児の場合は丸筆を必ず用意してあげてください。
平筆は平らにぬるとき便利です。

9月の描画指導

|||||||||||||||||||||||||||| 3歳児　9月の活動① ||||||||||||||||||||||||||||
カラフルなキャンデーおいしそう

◆　**指導のねらい**

①　筆先を動かして丸をつくり，間隔を考えて順番に並べる。

②　それぞれの色名を知る。

◆　**用意するもの**

絵の具，色画用紙（八ツ切$\frac{1}{4}$，灰色），筆（中），パレット，水入れ，布，キャンデー（7色のキャンデーが丸くつながっているもの）

◆　**指導の展開**

①　キャンデーの色を知る

丸くつながっているカラフルなキャンデーを，首飾りとして一人ひとりの首にかけてあそびます。そして，キャンデーの色をみんなでいってみます。

⑰「これは何色」©「赤」⑰「これは」©「黄色」⑰「これは」©「緑」………

キャンデーのなかから5色のキャンデーを選びます。赤，橙，黄，緑，青を決め，絵の具箱から，それぞれの色のチューブをとりださせます。

⑰「食べるとなくなるから，食べる前に描いて残しておきましょう」

②　キャンデーを描く

(イ)　指で描く

キャンデーの形を，指で空に描かせます。次に，各テーブルに，描く画用紙と同じ色・大きさの画用紙をおき，その上に5色のキャンデーを並べます。

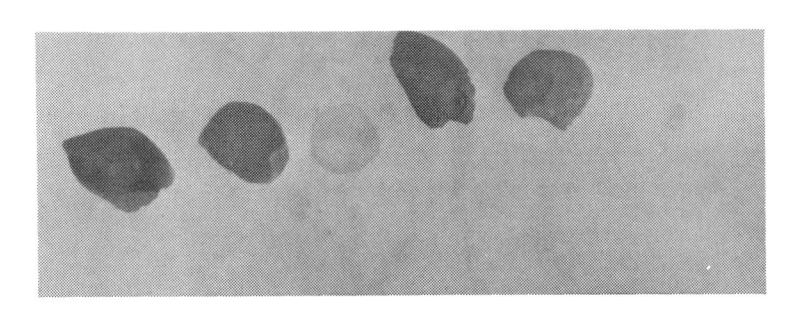

3歳児作品「カラフルなキャンデー」

　色画用紙を配り，5個のキャンデーを描く位置を決めさせ，指で位置を示させます。そして，指でクルッと丸く動かしてみます。
　(ロ)　絵の具で描く
　まず，筆に絵の具をつけないで，紙の上に描く位置を確認しながら，毛先を使ってクルッと丸く動かします。
　赤の絵の具をパレットにだして筆につけ，毛先を使って，点からのふくらみを描いていきます。描き終えたら，筆をきれいに洗って水を切ります。
　次に，青の絵の具をパレットにだして，筆につけて描きます。同じように黄，橙，緑の順に描いていきます。
　③　作品を見て話し合う
　描き終えた順に作品を集め，かたづけさせます。作品を展示してみんなで見合い，どれがおいしそうなキャンデーか話し合います。

◆　**指導の留意点**
　筆につける水の量と絵の具の加減がむずかしいので，水をよく切って濃いめに使うように指導しましょう。うすいと，画用紙の色と絵の具の色とが混ざり，かがやきのない色になってしまいます。

3歳児　9月の活動②
色づいた秋のぶどうを描こう

◆　指導のねらい
　①　筆先を使って，点からのふくらみを表現する。
　②　自分で混色して色づくりを経験する。

◆　用意するもの
　絵の具，色画用紙（八ツ切½，白とクリーム），筆（中），パレット，水入れ，布，ためし紙，クレヨン（黄緑），ぶどう

◆　指導の展開
〈若いぶどうを描く〉　──6月の実践──
　①　ぶどうを観察し，特徴をつかむ
　園庭や公園にあるぶどう棚のぶどうの実が成長しているようすを，継続的に観察します。そして，風で落ちたまだ黄緑色のぶどうの実をとってきて，砂場や部屋でままごとあそびをします。
　粘土で，ぶどうの粒のように丸くつくって，かたちをわからせます。
　②　ぶどうを描く
　(イ)　指で描く
　ぶどうの粒の形を指で空に描き，次に，テーブルの上に描かせます。
　(ロ)　クレヨンで描く
　どんな色をしているか聞き，クレヨンのなかから似た色を選ばせます。画用紙を配り，指で描いて位置を確認してから，黄緑のクレヨンで描きます。
　数日後，ぶどうのひと房をもってきて，子どもたちに見せます。ぶどうの粒はバラバラでなく，軸にいっぱいついていることをわからせます。（軸と粒をわかりやすくするために，房をすこし間引きしたものを見せます）
　教師が，画用紙（クリーム色）に軸を描いたものを与え，指で軸の先にかたどってから，クレヨンでていねいに粒を描かせます。
　できた作品を貼り，ぶどう棚にしたてて部屋を飾ります。

〈色づいたぶどうを描く〉 ——9月の実践——

① ぶどうを観察する

色づいたぶどうを観察し、みんなで食べたりします。次に、各テーブルに1つずつ置いて、ぶどうの色について話し合います。「どんな色かしら。みんなの絵の具から、似ている色を選んでごらんなさい」

② ぶどうを描く

(イ) 指で描く

教師が、軸を描いた画用紙(白)を配ります。指で、軸の先に粒をかたどります。

次に、絵の具をつけないで、筆だけで描いていきます。

(ロ) 色づくりをして描く

赤紫、黄緑、白をパレットに出させます。「パレットのひとつのお部屋ごとに、赤紫、黄緑、白をだしましょう。筆は水にぬらし十分に水を切って、注射の針のようにとんがらせてから、赤紫をつけて、ちょっと黄緑をつけ、ちょっと白を混ぜてごらん」と話して、ぶどうの粒を、点のふくらみとして描いていきます。

③ 作品を見て話し合う

できあがったら、実物と比べて、どれがほんものに近いか話し合います。

◆ **指導の留意点**

色づくりの時は、必ずためし紙にぬって、確かめさせるようにしましょう。

3歳児作品「ぶどう」

############ 4歳児　9月の活動① ############

そこでストップ！ ポーズあそび

◆　**指導のねらい**

①　体のつながりやバランスを理解する。

②　いろいろなポーズを表現できるようにする。

◆　**用意するもの**

画用紙（八ツ切），色画用紙（八ツ切1/2，黒），はさみ，のり，モデル

◆　**指導の展開**

①　ストップあそびをする

かけっこのなかにストップあそびを取り入れ，十分に動きます。

②　いろいろなポーズを確認する

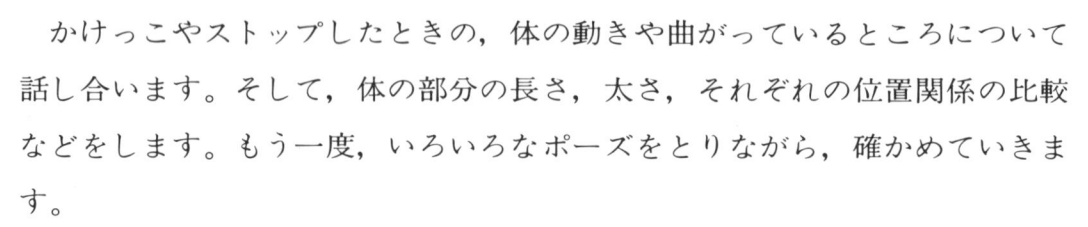

かけっこやストップしたときの，体の動きや曲がっているところについて話し合います。そして，体の部分の長さ，太さ，それぞれの位置関係の比較などをします。もう一度，いろいろなポーズをとりながら，確かめていきます。

③　紙を切ってポーズをつくる

黒画用紙を配り，体の部分の大きさを話し合いながら形を切り，並べていきます。

モデルを選び，ポーズをしてもらって，そのポーズに合わせて切り紙で形をつくります。モデルを交替しながら，ポーズをかえて，形の組み合わせを楽しみます。片手をあげる，両手をあげる，両手をひろげるなど，いろいろな動作を考えておこなってみます。

4歳児作品「体のポーズ」

④　体の曲折を表現する

体のそれぞれの関節に気づかせ、その役割を知らせます。そして、どのように表現したらよいかを、話し合います。

切り紙では、曲がる部分は切って表現することに気づかせ、手足の曲折のポーズを、切り紙で表現してあそびます。横向きについても調べてみます。

自分の好きなポーズを画用紙の上に表現し、のりで貼ります。

⑤　作品を見て話し合う

できあがった作品をみんなで見て、どんなようすを表現したのか、話し合います。

◆　指導の留意点

白画用紙を切って、体の動きを表現して貼り、その上からクレヨンで洋服を描かせてもよいでしょう。

4歳児　9月の活動②
友だちの後ろ向きの頭

◆　**指導のねらい**

　細い線の動き，性質を理解し，質量感をあらわす。

◆　**用意するもの**

　パス，画用紙（八ツ切），円形に切った画用紙，黒板，チョーク，バレーボール，モデル

◆　**指導の展開**

　①　頭の形を理解する

　Ⓣ「みんなの頭はどんな形をしているのかな。そっとさわってごらんなさい」Ⓒ「まるいよ」Ⓣ「ほんとうにまるいのかな。もういちど，さわってごらんなさい」

　円形に切った画用紙とバレーボールを見せ，どちらが頭に似ているか聞き，バレーボールのほうに似ていることをわからせます。

　次に，バレーボールと頭のちがいについて聞き，頭には髪の毛がついていること，頭から首・背中へとつながっていることをわからせます。

　髪の毛の短い男の子と長い女の子を前に出し，後ろ向きに立たせて比べてみます。男の子のほうは，頭のまん中くらいに耳がついていて，頭をささえているしっかりした首があり，首から肩までつながっていることがわかります。髪の毛の長い女の子は，耳も首も見えないけれど，同じように耳があり，首から肩までつながっているということを，わからせます。

　②　髪の毛について理解する

　粘土で頭をつくらせ，髪の毛をつけてみます。そして，粘土の頭と子どもの頭を比べてちがいをさがします。粘土のほうは，髪の毛がすこしで太く，ふんわりとしていない，つむじがない，ほんものはもっと頭全体にある，というようなことに気づかせます。

　髪の毛は，どこからどちらへ向かってついているのかを，よく見せます。

髪の毛の方向やつむじの位置がよくわかる子どもをさがし、その子どもをモデルにして、もういちどよく観察させます。糸のように細い毛が何本も何本も頭全体に重なって生えていること、ふんわりとやわらかいこと、頭のてっぺんよりすこし下につむじがあること、髪の毛の方向などをわからせていきます。

　黒板で、数人の子どもたちにつむじを描かせ、位置を確かめさせます。どうやったらふわふわした髪が描けるか考え、先を止めた線とすーっと描いた線とを比べてみます。

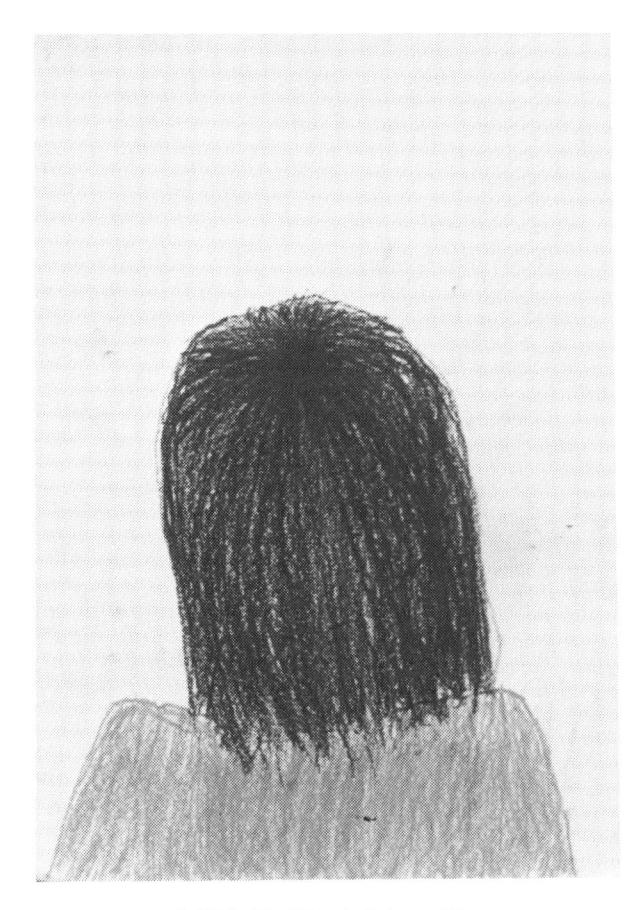

４歳児作品「後ろ向きの頭」

③　画用紙に描く

　黒板では全員が描けないので、画用紙に描いてみることにします。もういちどモデルの子の頭を両手でさわってみて、感触を確かめさせます。

　画用紙の上で、頭の大きさを両手でつくります。大きさがわかったら、頭の輪郭をうすく描き、首や肩は、小さくならないようにうすく描かせます。

　全体がバランスよく描けたら、洋服から先にぬります。頭は、つむじの位置に小さな印をつけておき、つむじのところから伸びている髪の毛の、方向をよく見ながら、そっとやさしく描いていきます。

④　作品を見て話し合う

　描きおわったら、どの後ろ向きがモデルの子どもに似ているか、髪の毛のやわらかいようすをあらわせたか、などを話し合います。

5歳児　9月の活動①
みずみずしいきゅうりを描こう

◆　指導のねらい

①　野菜のもつ自然のみずみずしさに気づき，その美しさを表現する。

②　黄に近い黄緑，緑に近い黄緑，明るい緑，そして濃く暗い緑があることを知る。

③　類似の色の明暗に気づく。

◆　用意するもの

絵の具，画用紙（八ツ切 $\frac{1}{2}$），筆（中，細），パレット，水入れ，布，ためし紙，きゅうり，絵本『たべられるしょくぶつ』，粘土

◆　指導の展開

①　きゅうりを買ってきて観察する──1日目──

近くの商店に行き，夏の野菜を見学してみます。園に帰ってきたら，見てきた野菜がどのような過程で成長するのか，どのような花をもっているのかを，図鑑や絵本をみながら理解させます。

買ってきたきゅうりをグループごとに置き，注意深く観察し，ふれてみて，形，色の特徴を話し合っていきます。

「太いところと細いところがある」「色の濃いところとうすいところがある」「ぶつぶつがついている」

②　粘土で表現する

グループごとに話し，比較し合いながら，それぞれの特徴を粘土で立体的に表現させます。

みんなの作品を見合い，粘土チャンピオンを決めたり，他のグループのきゅうりもつくってみたりさせます。

ぼくのきゅうり，ほんものみたいでしょ

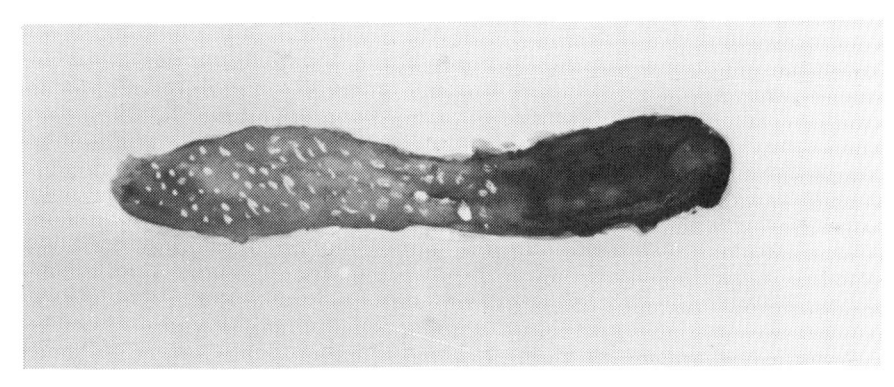

5歳児作品「きゅうり」

③ きゅうりの色・質感を確認する——2日目——

前回の粘土での表現を通して、さらにきゅうりの形の特徴を、ピーマンなどの他の野菜と比較して確認します。

「ピーマンはつるつるで、きゅうりはでこぼこしている」「ピーマンは緑だけで、きゅうりは黄緑や緑、濃い緑をしている」

④ きゅうりを描く

画用紙を配り、きゅうりの色に近い色鉛筆で、下絵を描かせます。次に、絵の具のなかから、きゅうりの色を話し合って選び、きゅうりの前に並べます。白、黄、黄緑、ビリジアン、ぐんじょう色に決め、順にパレットにだします。

つるについていた色の濃い部分から、花のついていた色の明るい部分へとだんだんに変化があることを再確認させ、明るくうすい色をぬり、その上にだんだんと色を重ねて濃い部分へと変化をつけさせていきます。

⑤ 作品を見て話し合う

みんなの作品を見て、むずかしかったところを話し合ってみます。

「ぐんじょう色が多いとまっ黒なきゅうりになってしまう」「濃い色をつくるとなかなかうすい色にならない」「うすい色にぐんじょう色をすこしずつ入れて、ためし紙でためしながらふやしていけばいいんだよ」

◆ 指導の留意点

きゅうりの濃い部分は、黒よりもぐんじょう色をまぜるほうが鮮かです。

◆ 関連題材

にんじん、ねぎ、だいこん

5歳児　9月の活動②
みんなで飼っているインコ

◆　指導のねらい

①　飼育している鳥を観察し，鳥のもつ自然の美しさを再認識する。

②　大まかな基本型の組み合わせを見抜いて表現する（玉子型と丸）。

③　鳥の色を見て，どのような色の組み合わせになっているかを知る。

インコを見ながら描いています

◆　用意するもの

絵の具，色画用紙（八ツ切，灰みがかった黄緑），筆（太，中，細），パレット，水入れ，布，鉛筆，インコ，鳥の図鑑，絵本

◆　指導の展開

①　インコの世話をして親しみをもつ

園で飼っているインコを，記念に描いて残しておこうと呼びかけ，部屋におきます。ことばをかけ，えさを与え，水をかえてやり，親しみを増します。

②　鳥についてしらべる――1日目――

鳥のでてくる絵本を見ながら，愛らしい鳥のしぐさ，自分の家で飼っている鳥のようすなどについて，話し合います。そして，図鑑を見ながら，みんなの知っている鳥の名前，知らなかった鳥の名前，いろいろな国の鳥について話し合い，いろいろな鳥に共通するところと違うところをさがします。

③　インコの特徴について話し合う

「頭が丸くて体は卵の形に似ている」「足は，腹の下のほうについている」「くちばしとつめが鋭い」「腹が黄緑で背中が濃い緑」

子どもたちからでたインコの特徴を，教師が黒板に描いて確認していきます。

④　インコを描く

――2日目――

横から見たインコの大まかな形を，鉛筆で画用紙に描かせ，確認して訂正などをさせます。

インコの腹から背中にかけての類似の色相の変化に気づかせ，どのような色を使うか，話し合います。

子どもたちで話し合って黄緑，ビリジアン，黒の絵の具をパレットにだします。

明るいトーンの部分から暗い部分へと彩色し，点描により羽の質感をださせます。

細筆で，くちばし，つめ，目を彩色させます。

⑤　作品を見て話し合う

できあがった作品とインコとを比べ，美しい羽の色や，くちばし，つめの鋭さなど，インコらしい感じをとらえて表現できたか，話し合います。

◆　指導の留意点

鳥は動きがはげしく，形をとらえることがむずかしいので，絵本や図鑑などで形を確認しあって，描きやすい方向を決めていきましょう。

◆　関連題材

にわとり，はと，文鳥

5歳児作品「インコ」

描画指導のための基礎知識⑤

♣ 絵の具(チューブ入り)とパレットの扱いかた

　集団での描画指導で，材料の使い方を説明するには，名称の共通理解が必要です。絵の具のチューブは，頭，首，肩，おなか，おしりと名づけ，頭のフタをとって，おなかを押すと，絵の具が適量以上にでやすいので，おしりの方をつまんでだすように指導します。

　また，チューブの肩のところを持ち，フタをきちんと開け閉めさせ，口のところに絵の具がでている状態でフタをすると，次に使うときに，子どもの力ではとれなくなることが多いので，フタの開閉の指導も大事です(絵の具を出したあと，布でふいておくとよい)。

　絵の具をパレットにだす量としては，小豆ぐらいとか，米粒いくつとか，言葉と量とを，子どもたちに理解しやすくしておく必要もあります。年齢が低い場合，使いはじめのときは，その都度指示する方がむだな失敗が少ないでしょう。

　パレットはこまかい区切りがあって，色を混ぜあわせるところのついているものが使いやすいです。

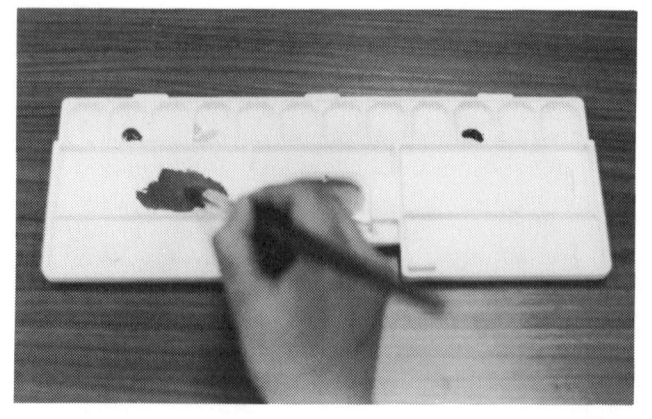

　絵の具をパレットにだすとき，となりには類似の色をだすようにしましょう。もし，赤のとなりに緑をだすと，誤って混ざった場合，色がにごってしまいます。

10月の描画指導

3歳児　10月の活動①
ドーナツがおいしそうに描けるかな

◆　指導のねらい

①　ドーナツの形，色の特徴をみつけ，工夫して描く。

②　筆の腹で太い線を描く。

③　筆先を使って小さな点（砂糖）を描く。

◆　用意するもの

絵の具，画用紙（正方形），筆（中），パレット，水入れ，布，ためし紙，ドーナツ

◆　指導の展開

①　ドーナツの形や色について話し合う──１日目──

ドーナツを袋に入れ，「このなかに何があるでしょう」といって軽く袋にさわらせ，においをかがせ，ドーナツに関心をもたせます。

ドーナツの形について話し合い，身のまわりで似た形のものをさがしてみます。次に，ドーナツの色と似た色を，室内や子どもたちの服装のなかからさがしてみて，ドーナツの色を意識させます。

②　ドーナツを描く

グループごとに描く準備をさせてから，ドーナツの大きさを画用紙の上に指で描かせ，形をとらえさせます。

ドーナツに似た色２色（茶，黄土色）を絵の具のなかから見つけださせ，２色をパレットに出して少しずつ混ぜ合わせ，ためし紙を使いながらドーナツの色づくりをさせていきます。

子ども２人を選び，ドーナツを描かせ，実物と比較しながら，形や大きさを話し合います。どこから描いていったらよいかも，考えさせます。

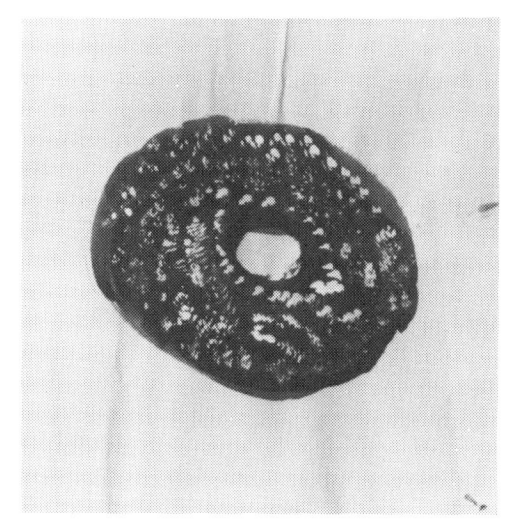

3歳児作品「ドーナツ」

　みんなが描き終えたら，作品を並べてかわかし，みんなで見て，どのドーナツがおいしそうかを話し合います。

　③　ドーナツの砂糖を描く──2日目──

　描いたドーナツの作品と実物との違いをさがし，砂糖がついていないことに気づかせ，もういちどドーナツの砂糖のつきぐあいを確かめさせます。

　グループごとに描く準備をさせたら，絵の具をつけない筆を立て，筆先でトントンとことばかけをして，筆の使いかたを知らせます。

　絵の具のなかから砂糖の色をみつけ，パレットに小豆大ぐらい絵の具をださせます。筆の水気を少なくして絵の具をつけ，筆先を使ってトントンといいながら，砂糖の部分を表現させます。

　④　ドーナツであそぶ

　できたドーナツのまわりを切りとり，ドーナツ屋さんごっこに使います。

◆　指導の留意点

　筆は，先のそろったものを使わせるようにしましょう。

◆　関連題材

　タイヤ

3歳児　10月の活動②
散歩でつんできたかれんな野ぎく

◘　指導のねらい
　①　小さな点描と細い線の方向を理解する。
　②　雑草の花の美しさをとらえる。

◘　用意するもの
　絵の具，色画用紙（7×7cm，青），筆（12号），パレット，水入れ，布，ためし紙，マッチ棒，野ぎく，ガラス器数個

◘　指導の展開
　①　草花の生長に気づき親しむ
　集団生活にもだいぶ慣れ，散歩につれ出しても余裕がでてきた子どもたちは，小さな草花や虫に興味を示しはじめます。気をつけて見ていれば，どんなところでも，いろいろな草花の生長や変化は見られると思います。日ごろから，これを子どもたちに気づかせていきます。
　散歩の途中で見つけた草花を，部屋に飾ったり，ままごとあそびに使います。そして，雑草の花は水上げが悪く，花びんにさしてもすぐしおれてしまうので，「きれいなときに，絵に描いてみましょう」と呼びかけてみます。子どもたちが摘んできた草花のなかで，どの花を描きたいか聞いてみます。
　②　野ぎくを観察する
　ティーカップほどの大きさの透明なガラスの器を数個用意し，水を入れて野ぎくの花だけを浮かべます。すると子どもたちは，「形や色がはっきりしている花のほうがきれい」といって，手ごろな花を選びます。
　子どもたちが選んだ野ぎくは，直径2〜2.5cm，ピンクに近いうす紫色です。各器に3〜4個ずつ浮かべ，どの子どもにも数や形がわかるようにします。
　机の上に飾った野ぎくの花びらは，どうなっているだろうかと聞きます。
　ⓒ「花びらがたくさん」「小さな花びらだ」「細い花びらがたくさんある」「ピンク色みたい」「赤紫のうすいのだよ」

マッチ棒を並べてみます　　　　　　　　３歳児作品「野ぎく」

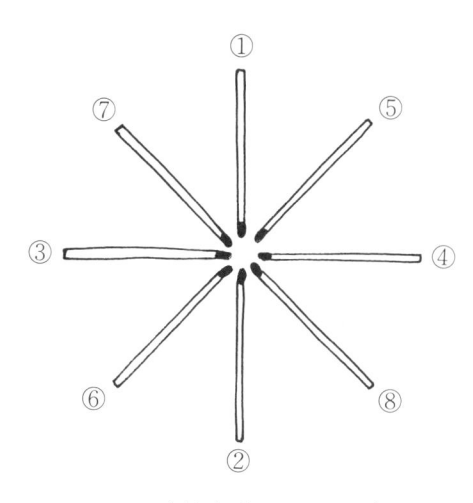

Ⓣ「まんなかはどうなっているのかな」Ⓒ「黄色だ」「丸くなっている」「小さいつぶつぶになっている」

子どもたちの発言に対して，ほんとうにそうなっているか確認しながら，どの子にもわかるようにしていきます。

③　マッチ棒を使って並べてみる

絵を描く前に，マッチ棒で，花びらの形に並べさせてみます。マッチ棒の玉がついているほうを中心に，上下にまっすぐ置き，次に左右に置いて十文字をつくります。その間に斜めに置いて，花びらの方向性をわからせます。

④　絵の具で描く

まず，黄色で中心を描かせてから，花びらの色を選び，毛先で細く描けるかためし紙でためします。

練習のできた子どもから，色画用紙を配り，マッチ棒のときと同じに，上下，左右，斜めの順にていねいに描かせます。花びらが描けたら，もういちど黄色で中心の花芯を描かせます。水をつけすぎないよう，毛先は花びらのときよりもっととがらせて，小さな小さな点で描くようにさせます。

筆をきれいに洗い，器に入っている数だけ描かせていきます。

⑤　作品を見て話し合う

描けたら，器のなかの花や友だちの花と比べながら，話し合いをします。

4歳児　10月の活動①
なかよしうさぎを描こう

◆　指導のねらい

①　うさぎに触れうさぎを知ることによって，動物を愛護する心を養う。

②　特徴をよく話し合い，理解して描く。

③　点描による量感のあるフォルムを形成する。

◆　用意するもの

絵の具，色画用紙（八ツ切，モスグリーン），筆（6号），パレット，水入れ，布，白うさぎ，粘土

◆　指導の展開

①　うさぎを世話しながら観察する

うさぎに接触できる環境をつくり，うさぎをさわってみたり，抱いてみたり，えさを食べさせたり，広いところに出していっしょにあそんだりします。

世話をしながらよく観察させ，感じたこと，わかったことを話し合います。話し合いながら，うさぎの色，重さ，感触，顔，足，形などの特徴を，よく理解させていきます。

②　粘土で表現する

粘土でうさぎをつくってみます。粘土全部を使って，大きなかたまりとしてとらえさせるようにします。できあがったら，並べて特徴を再確認し合います。

③　うさぎを描く

まず，紙から絵がはみ出ないように，手でかたまりをかたどってみます。次に指で描いてみます。

うすく溶いた白い絵の具で，だいたいの形を線で描かせます。それを見ながら，みんなで話し合います。それから，濃い白の絵の具で，点描により描かせていきます。

うさぎをもういちど見てから，目や鼻などの細かい部分を描かせます。

4歳児作品「うさぎ」

④　作品を見て話し合う

展示して，みんなで見合います。動き，量感のある大好きなうさぎの絵に，十分満足させます。

◆　指導の留意点

①　うさぎはすぐ見に行ける場所に置いておき，わからなければすぐ見に行けるようにしておきましょう。

②　白い絵の具をたくさん使うので，まとめて溶いておくほうが，みんなで楽しく描けるでしょう。

③　子どもの人数が多いときは，少人数ずつ，2度か3度に分けておこなったほうが，ことばかけが十分にできてよいでしょう。

④　あまり神経質にならずに，大まかに形をとらえるようにもっていきましょう。

4歳児　10月の活動②
こんがり焼きたてのドッグパン

◆ 指導のねらい

濃い色に白を混ぜながら，だんだんうすい色をつくっていき，ほんものに近い量感をだす。

◆ 用意するもの

絵の具，画用紙（八ツ切$\frac{1}{4}$），筆（中），パレット，水入れ，布，ためし紙，ドッグパン，粘土

◆ 指導の展開

① ドッグパンを観察する

みんなでにおいをかいだり，そっと手で触れたりして，細長く丸みのあるドッグパンを心ゆくまで観察させます。そして，手で形をつくってみたり，指で描いたりして，ドッグパンらしい丸みをどう表現したらよいか，考えさせます。

② 粘土でつくる

粘土で，実物大のドッグパンをつくってみます。実物と粘土でつくったものとを比べて，どこが違うかを話し合います。そして，形は同じようでも，色が違い，かたそうな感じで，おいしそうではないことに気づかせます。

そこで，絵の具で描いたドッグパンを見せ，おいしそうに描けることを知らせます。色は，上のこげている部分から，だんだんに色がうすくなっていき，下のほうはほとんど白に近い色になっていることに，気づかせます。

③ ドッグパンを描く

(イ) 形をつかむ

形を指で描いてつかませます。だいたいつかめたら，黒板に描かせます。

(ロ) 色づくりをする

ためし紙に，濃い色からだんだんに白を混ぜていきながらうすくして，3段階か4段階の色をつくらせます。

4歳児作品「ドッグパン」

(ハ) 絵の具で描く

画用紙の上でもういちど形をとらせ、どの子も理解しているか確認します。

上のこげている茶色から、筆をゆっくりと置いて点描で描かせます。ドッグパンをよく見ながら、白を混ぜて描いていきます。下のほうはほとんど白に近い色になるようにします。

④ 作品を見て話し合う

できあがったドッグパンを壁に貼り、だれのドッグパンがおいしそうに描けたかを話し合います。

◆ 指導の留意点

① ドッグパンを描く前に、風船がふくらむにつれて、だんだんうすい色になっていくようすを観察させ、あそばせるとよいでしょう。

② できあがったドッグパンを切りぬいて、パン屋さんのように並べたり皿に盛ったりすると、いっそうパンらしく見えて喜ぶでしょう。

◆ 関連題材

ふうせん

5歳児　10月の活動①

一粒一粒ていねいにおいしそうなぶどう

◆　指導のねらい

①　球体の集合を表現する。

②　一つひとつの球の質感と重なりを理解し表現する。

◆　用意するもの

絵の具，画用紙（八ツ切 $\frac{1}{2}$），筆（中），パレット，水入れ，布，ためし紙，鉛筆，甲州ぶどう，粘土，牛乳のふたのビニール

◆　指導の展開

①　牛乳びんのふたのビニールでぶどうをつくる

牛乳びんにかぶせてある紫色をしたビニールをまとめて房をつくります。それを並べてぶどう棚にして，部屋飾りにします。

「ほんもののぶどうみたい」「取って食べたいね」「でも変だよ，ビニールのぶどうなんて」「ほんもののぶどうには芯があるよ。これ，インチキだ」

そこで，粘土なら芯もできるし，ほんものに近いものができるということで，粘土でつくることにします。

②　ほんもののぶどうを観察する

粘土でつくる前に，ほんもののぶどうの房や芯をよく見ます。

「大きい粒や小さい粒が，ぎっしりついているよ」「みんな丸いんだね」「大きい粒のかげにかくれて，小さいのもあったよ」「芯がだんだん細くなっている」「太い芯のところから，いっぱい小さな芯がでているね」

③　粘土でつくる

芯の形を把握してから，粘土でつくっていきます。

「ワーイできたぞ，こんなに大きいぞ」「見て。ちびちゃんもつくったのよ」「ひとつ食べてみようかなあ」

けれども，取ろうとしたとたんグニャグニャになってしまいます。しかも色が実物と違うので，不満がわいてきます。

そこで、絵の具ならほんものに近いぶどうができるのではないかと、話をすすめていきます。

④　ぶどうを描く

(イ)　ぶどうの色を話し合う

ぶどうを各テーブルに1つずつ置き、色について話し合います。

「実は、赤紫で黄色っぽいところがある」「芯は茶色に近いこげ茶色」

(ロ)　色づくりをする

鉛筆で下描きをしてから、絵の具をだします。赤に青を少しずつ混ぜていき、赤紫をつくります。黄色に緑をすこしずつ混ぜ、黄緑をつくります。そして、茶色に黒を少しずつ混ぜて、こげ茶色をつくります。それぞれ、ためし紙にぬってみながら色をつくらせていきます。

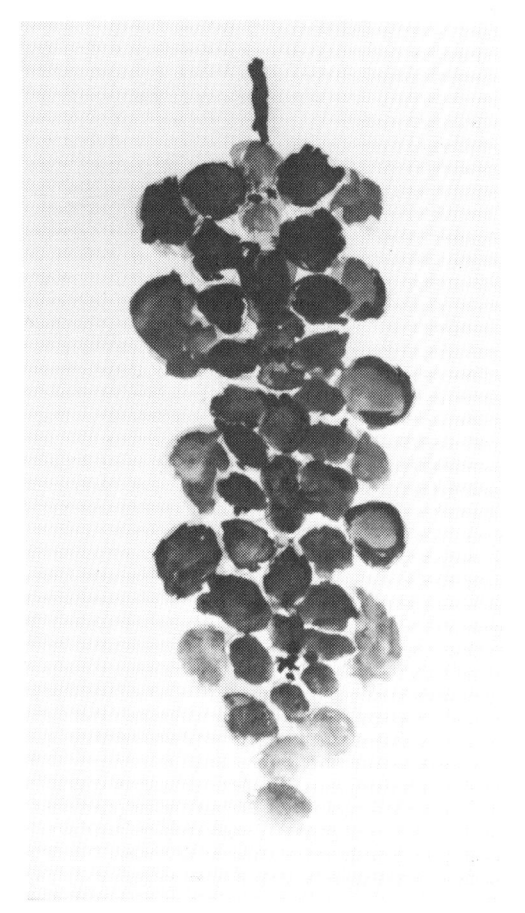

5歳児作品「ぶどう」

(ハ)　絵の具で描く

まず、太い芯から細い芯へと、線描で芯の部分を描かせます。

次に、水を含ませ透明感をだして、黄緑の部分から描かせていきます。それから、赤紫色で一粒一粒を、ていねいに仕上げていきます。

⑤　作品を見て話し合う

できあがった作品で、どれがおいしそうなぶどうかを話し合います。

「水が多すぎたのは、べちゃべちゃのぶどうになってしまったね」「絵の具が多すぎたので、こちこちのぶどうになってしまった」

◆　指導の留意点

ぶどうにもいろいろな種類があるので、手持ちの絵の具の色数に合わせて、描きやすいぶどうを選択しましょう。

5歳児　10月の活動②

秋の空にはえるポプラの木

◆　**指導のねらい**

①　秋の空の美しさに感動させるとともに，遠くの空の色と，近くでみる空の色の違いに気づく。

②　同じ色でも，水の量により色の濃淡ができることに気づく。

③　土，木，葉において，それぞれの類似した色相のなかでの明暗の変化を，混色によって表現する。

◆　**用意するもの**

絵の具，画用紙（八ツ切），筆（太，中），パレット，水入れ，布，鉛筆，絵本『おおきなきがほしい』

◆　**指導の展開**

①　ポプラの木をみる

園庭や公園にそびえ立つポプラの木を，秋のすばらしい青空のなかに表現してみようと話しかけます。

『おおきなきがほしい』の絵本を通じて，一人ひとりの木に対する夢を，ふくらませます。

ポプラの木のまわりに集まり，木肌のごつごつした質感を知り，友だちと腕をまわしたりして，幹の太さや高さを実感させます。

②　空のようすを知る

高く青い空の美しさ，遠くの空と近くにみえる空との色の違いを，外あそびや散歩のつど，気づかせていきます。

③　空を描く

画用紙に，太筆を使って，上段だけを青でぬり，下段は水だけでぬっていくことによって，空の色の濃淡を表現し，遠近感をだします。

④　土，木，葉を描く

(イ)　混色表をつくる

土，木，葉において，子どものもっている概念的な色から脱皮させるため，話し合いをして，それぞれの色づくりをし，画用紙に混色表をつくっていきます。

つくった混色表をもって園庭に出て，自分たちのつくった色と自然の色とを比べ，確かめ合います。

(ロ) 下絵を描く

空を描いた画用紙に，鉛筆で地面をうすく描かせます。

次に，上下の太さの違いに注意しながら，幹の下絵を描かせます。

(ハ) 絵の具で描く

地面，幹，枝，葉の順に，混色で濃淡をつけながら，質感，量感を点描で表現させていきます。幹のごつごつした質感，葉の大きなしげみは，それぞれ明暗をつけて表現させていきます。

混色表（例，葉）

深緑＋黒	深緑	ビリジァン＋あい	ビリジァン	黄緑＋あい	黄緑	黄緑＋白	黄	黄＋白

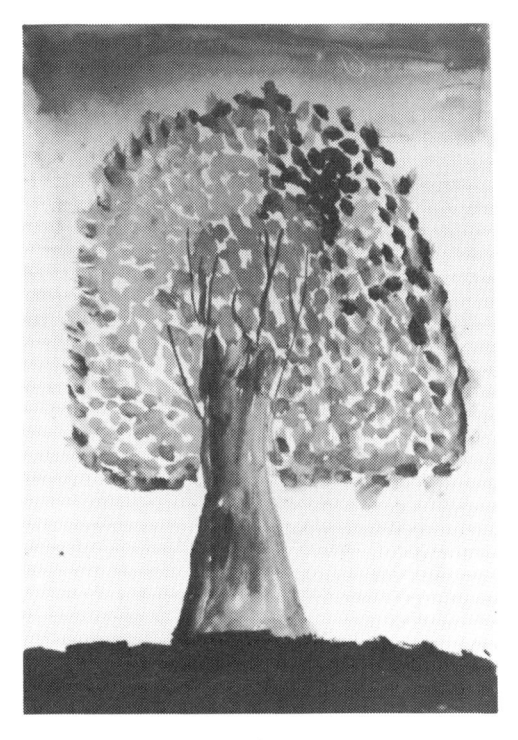

5歳児作品「空とポプラ」

⑤ 作品を見て話し合う

できあがった作品を展示し，空，土，木の空間に，子どもたちのあそぶようすを表現できないだろうかと，次の表現への意欲と期待をもたせるようにします。

◆ 指導の留意点

ポプラの木を単に題材として見せるのではなく，春の若葉，夏の葉の茂り，秋冬の落葉と，大きな自然の現象としてとらえさせます。

◆ 関連題材

いちょうの木，プラタナスの木，さくらの木，柿の木

―― 描画指導のための基礎知識⑥ ――

♣ 水入れの使いかた（筆洗い）

　水彩絵の具では，溶くためと筆を洗うために，水が必要ですが，よく空カンひとつに水を入れて，筆洗いも絵の具を溶く水もいっしょにしている例をみかけます。これではきれいな色はでません。

　筆洗いは常にていねいに洗わないと，せっかく次に使う色をだしても，前の色が筆に残っていて，混ざった色になってしまいます。ですから，水入れは3つか4つに区切ってある容器が望ましく，洗濯機のように本洗い，すすぎといった具合に，筆の場合も洗って，区切りのふちで水を切って，布で水をきれいにとることをくりかえさないと，前に使った色はなかなかとれません。

　この筆洗いの手順も水彩絵の具を使ううえで，きちんと知らせておく必要があります。

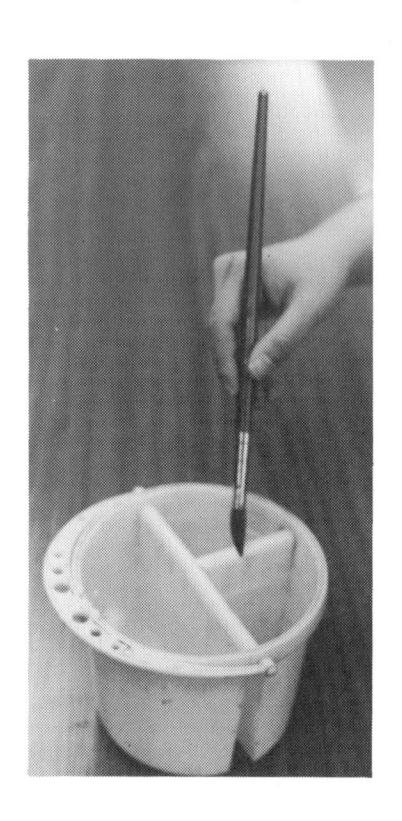

◀　洗った筆の水切りは，まず内側の区切りのところで水切りして，そして，布でふきとります。

11月の描画指導

3歳児　11月の活動①
青空に向かってそびえるけやき

◆　指導のねらい

①　下から上への太い縦線を，筆を正しく使って描く。

②　大きな点描により，大きな量感をつくりだす。

③　太い幹，紅葉の茂みの特徴を表現する。

④　水の量で濃淡を表現する。

◆　用意するもの

絵の具，画用紙（八ツ切），筆（太，中），パレット，水入れ，布，ためし紙

◆　指導の展開

①　空とけやきを観察する

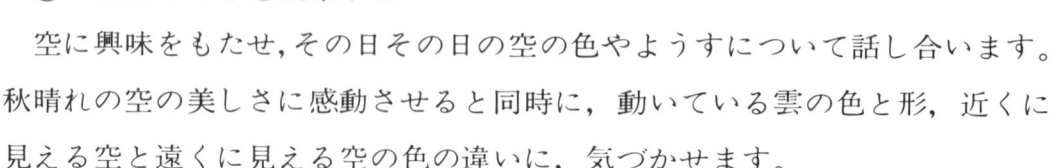

空に興味をもたせ，その日その日の空の色やようすについて話し合います。秋晴れの空の美しさに感動させると同時に，動いている雲の色と形，近くに見える空と遠くに見える空の色の違いに，気づかせます。

外あそびのつど，ジャングルジムに登りながら，どっしりと大きくそびえるけやきに目を向けさせ，幹の太さや葉のようすを観察させます。そして，けやきのまわりで「だるまさんがころんだ」などのあそびをすれば，けやきに対する親しみも深まるでしょう。教室にもどり，空とけやきの特徴をもういちど整理し，絵に表現してみようと話しかけます。

②　空を描く

遠くの空と頭上の空との色の濃淡を，水の量によって表わし，太筆で左から右への太い横線を描きながら表現させていきます。

③ 木を描く

前回描いた空の上に、けやきを描きます。

まず、幹の色を話し合い、茶、黒、白を混色して、下から上への太い縦線で描いていきます。

次に、茂っている葉の内側と外側との色の違いに気づかせ、どのような色であるかを話し合います。緑、黒、赤、黄、橙をだして、ためし紙で色を確認しながら混色し、紅葉している葉の色づくりをしていきます。そして、点描により、大きな茂みを表現していきます。

3歳児作品「空とけやき」

④ 作品を見て話し合う

できあがった作品を並べ、うまく描けていると思うところを見つけ合い、苦労した点はどこかなどを話し合います。

◆ 指導の留意点

紅葉している葉の色、雰囲気をつかませるために、あらかじめ、パスで描いておいた木の上に橙、黄系統の折り紙をちぎり、貼り絵を経験させておくのもよいでしょう。

◆ 関連題材

ふうせん（水の量による濃淡の表現）

3歳児　11月の活動②
ぼくの掘ったでっかいさつまいも

◆　指導のねらい

①　粘土を用いて立体表現をする。

②　長丸の形に，立体感をもたせる。

◆　用意するもの

絵の具，画用紙（八ツ切$\frac{1}{3}$），筆（太），パレット，水入れ，布，ためし紙，粘土

◆　指導の展開

①　いも掘りをして観察する

いも掘りを経験させ，持ち帰って園庭にひろげ，いくつ掘れたか数えてみます。そのなかで，いちばん大きないもを掘った子どもを，チャンピオンに決めます。

それぞれ違った形や大きさのいもを観察し，土の上に，指でその形を描かせます。そして，グループごとにいもを洗って，その色の美しさに気づかせます。

②　いもの特徴を話し合う

グループごとにいもを置き，それぞれのグループのいもの特徴を，話し合わせます。

③　粘土で表現する

粘土で，いもを立体的に表現させていき，それを見ながらみんなで話し合いをおこなって，形を正しく直させていきます。

3歳児作品「さつまいも」

　粘土でつくりおえたら，実物と比べてまた話し合いをします。そのあと，ふかして食べます。

④　絵の具で描く

　粘土では色が似ていなかったので，こんどは絵の具で描こうと話します。どのような色を混ぜたら，いもの色ができるかを話し合い，赤，ぐんじょう，白，黒を選び出します。そして，それらを，ためし紙でためしながら混色させていきます。

　まず，指で画用紙の上に形をとってみます。大きさがとらえられたら，次に絵の具をつけた筆で，中心から点描により描いていき，量感をださせます。

⑤　作品を見て話し合う

　完成した作品を並べ，何の色に似ているかなど話し合います。

◆　**指導の留意点**

　さつまいもの色をだす際，ぐんじょう，黒は，赤に対してほんの少量であることに気づかせましょう。

◆　**関連題材**

　きゅうり

4歳児　11月の活動①
毎日使っているわたしのカバン

◆　指導のねらい

立体的な形をとらえて表現する。

◆　用意するもの

絵の具，画用紙（59×29cm，八ツ切2枚），筆（太，中），パレット，水入れ，布，鉛筆，はさみ，のり，セロハンテープ，紙テープ

◆　指導の展開

①　カバンについて話し合う

まず，カバンの役目や使いかたを話し合います。

次に，カバンの形について話し合います。

Ⓣ「カバンの中には，何が入っているのかしら。中身を全部出して調べてみましょう」Ⓒ「お弁当，コップ，おはし箱，ナプキン，出席カードが入っている」Ⓣ「中からみんな出したらカバンはどうなったかしら」Ⓒ「ぺちゃんこになった」Ⓣ「カバンを両方の手でおさえてごらんなさい」Ⓒ「つぶれて紙みたいだ」Ⓣ「みんなのカバンに，お弁当やコップを入れるとどうなるかしら。今出したものを，もとどおりにしまってみましょう」Ⓒ「ふくらんだよ」

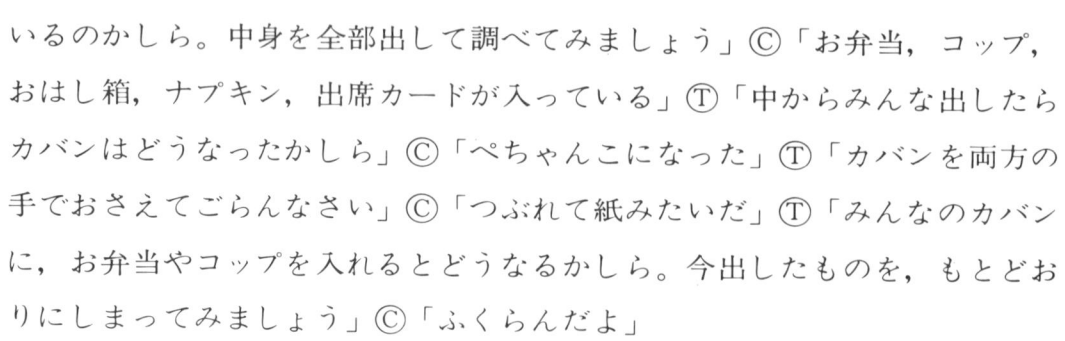

②　カバンを紙でつくる

画用紙をカバンの形に切り，紙テープでひもをつけて，平面的なカバンをつくります。このとき，ひもの長さに注意させます。

ほんもののカバンと比べてみてふくらみがなく，マチの部分が足りないことに気づかせます。そこで，マチをつけ，ひもの位置をつけ直します。

③ カバンを描く

(イ) 鉛筆で描く

　画用紙の上にカバンを置き,全体の大きさ,位置をつかませます。そしてカバンを横に置いて,よく見ながら,鉛筆でうすく下絵を描かせます。

(ロ) 絵の具で描く

　青と黒を混色して色をつくります。2色の絵の具の量の加減を試してみて話し合います。そして,青が少ないと黒くなってしまうので,青に黒を少しずつ入れるとよいことに気づかせます。ぬりかたは,同じ方向にぬらせていきます。

　最後に,カバンのまわりの,白い線をぬらせます。

④ 作品を見て話し合う

　ほんとうにお弁当が入っているみたいに,ふくらんでいるカバンはどれかと,話し合います。そして,紙でつくったものとの違いを再確認させ,立体的な形のとらえかたをしたということをわからせていきます。

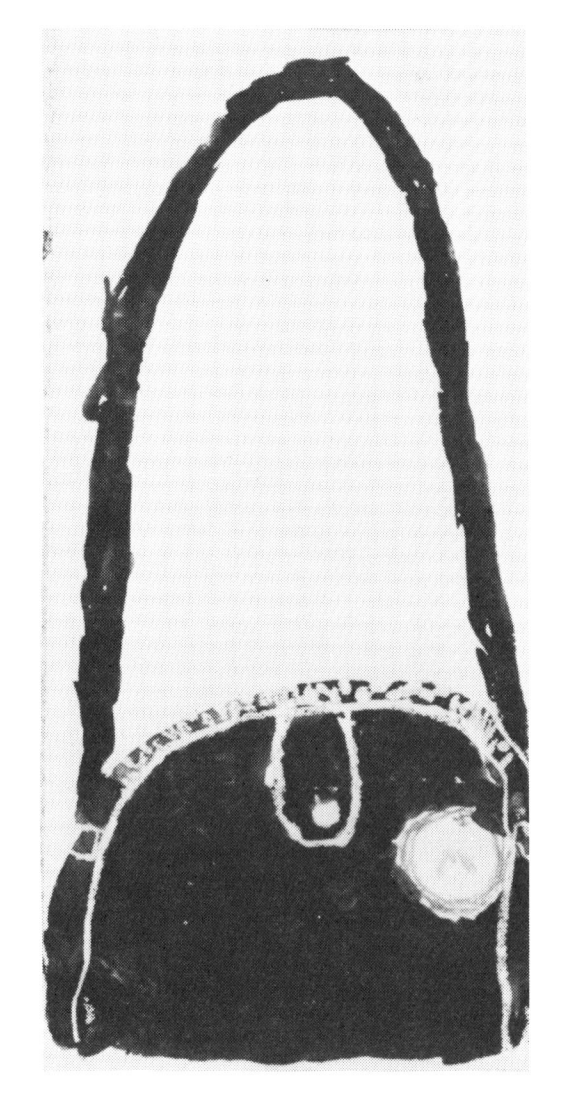

4歳児作品「カバン」

◆ 関連題材

　くつ袋,帽子,くつなど,身近にあって,立体表現のしやすいもの。

4歳児　11月の活動②
お話を聞いて描こう──小鳥と木の実

◆　指導のねらい
①　自然界の色の美しさに気づかせるとともに，愛鳥の心を育てる。
②　木と小鳥の大きさの対比を理解する。
③　小鳥や蝶は，よく目立ち美しく見せるために，対照の色相の組み合わせになっていることを知る。

◆　用意するもの
絵の具，画用紙（八ツ切），筆（太，細），パレット，水入れ，布，ためし紙，色相環，小鳥の絵本

◆　指導の展開
①　小鳥について話し合う

小鳥のでてくる絵本や図鑑を見ながら，小鳥の色の美しさ，鳴き声の美しさを話し合います。そして，自分たちの家で飼っている小鳥の色や表情，親鳥とひな鳥のようすを話し合って，小鳥を愛するやさしい心を育てるようにしていきます。

②　教師のお話を聞いて想像する

「赤い鳥小鳥」の歌をうたってから，教師のつくったお話を聞かせ，木の実を食べに集まる小鳥の情景を，想像させていきます。

「ある森に，大きな大きな，空までとどきそうな木がありました。ある朝見ると，その木に赤や黄や緑の実がなり，とてもあまいかおりをさせていました。そこへ，そのかおりに引きつけられた１羽の小鳥が飛んで来ました。そして，赤い実をチュンチュンとつつきながら，食べはじめました。するとどうでしょう。その小鳥はみるみるうちに，いちごのようにかわいい赤い小鳥になりました。次の日また，１羽の小鳥がやって来て，こんどは緑の実を食べました。するとどうでしょう。その小鳥は，森の木の葉のように美しい緑の小鳥になりました。２羽はうれしそうに，森の中を飛び回りました。

大人になった赤い小鳥と緑の小鳥は，結婚しました。あそぶときも食事をするときも，お花をとりに行くときも，いつもいっしょでした。やがて赤ちゃんが生まれ，チッチと名づけてだいじにだいじに育てました。チッチは，おかあさんの赤い色とおとうさんの緑の色の羽をもった，それは美しい小鳥になりました。」

4歳児作品「小鳥と木の実」

この話の感想を話し合いながら，教師の話に子どもたちのそれぞれの想像を取り入れて，まとめていきます。

③　絵の具で描く

(イ)　色を選ぶ

絵本や図鑑で小鳥の色の美しさを理解させ，色相環を見て，どの色からなっているか確かめさせます。そして，赤と緑が補色であることを知らせます。

(ロ)　木と木の実と小鳥を描く

実際の色と多少異なるところがあっても，自分たちが美しいと感じるような色彩で表現させていきます。

④　作品を見て話し合う

全体の作品を「小鳥の森」と題して1カ所に貼り，物語をつくって発表し合ったり，紙芝居に発展させたりします。

◆　指導の留意点

補色関係の色は，混ざらないようパレットに離してださせましょう。

◆　関連題材

美しい蝶，おしゃれな熱帯魚

5歳児　11月の活動①
とび箱をとぶわたし

◆　指導のねらい

① 自分の経験したことに対する感動を表現する。

② 動きのある姿をとらえる。

◆　用意するもの

① 粘土……油粘土

② 貼り絵……色画用紙（26×19cm，黄緑），色ケント紙（白，肌色），筆，はさみ，のり

③ 描画……絵の具，色画用紙（34×25cm，ベージュ），筆（太，中，細），パレット，水入れ，布，ためし紙

◆　指導の展開

① 話し合いをする

体育あそびでとび箱がやっととべたときの気持ちを，話し合います。

「空にとんでいくみたい」「すかっとする」「うれしい」

② 粘土で表現する

とぶ姿のイメージをはっきりさせ，動きの表情をわからせます。

　首——ちょっと前かがみなので見えない。

　足——パッと横に開く。足首は上向きになっている。

　手——しっかりついていないと危ない。腕は開いている。

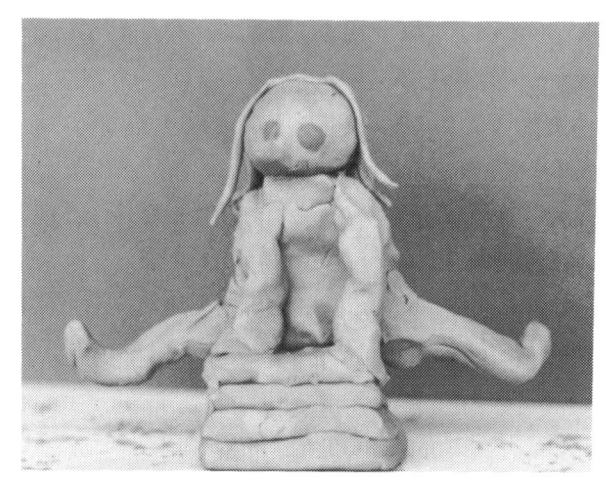

粘土で立体的に表現しましょう

髪――とんだときパーッとはねる。

からだ全体を動かしてみて,いちばん自分がとんだときに近い状態のものを,つくりあげます。

③　貼り絵で重なりを理解させる

粘土の観察をもとに,立体的なものを平面化させます。貼りながら,からだの重なりを理解させていきます。どことどこが重なるか,はっきりしてきます。

④　絵の具で描く

とび箱カードを子どもたちに配り,大きさを決めさせます。(とび箱の大きさが不安定だと,とんでいる姿を描く位置が決めにくいために大きさを一定にします)

まず,土ととび箱を描きます。

次に,その上の空間において,顔の位置をみつけます。顔を描いたら体操服のシャツ,ズボン,足,くつを描いていき,重なりの部分(手)は,画面が乾いてから描くようにさせます。

最後に,とび上がったときの風に吹かれた髪を描いていきます。

⑤　作品を見て話し合う

友だちどうし見せ合い,どこが自分の表現方法とちがうか,どこがいちばん動きを感じさせるのかなど考え合い,つけ加えるところや描き落としについて話し合います。

◆　関連題材

タイヤとび,ゴムとび,とびあがったわたし

5歳児作品「とび箱をとぶわたし」

5歳児　11月の活動②

紅葉の美しさを描こう

◆　指導のねらい

①　紅葉した葉を通して，自然の力の偉大さを理解する。

②　シンメトリー（左右対称）の形を理解する。

③　紅葉した変化に富んだ葉を描くことにより，自然の色の変化に興味をもつ。

④　うすい色からだんだん濃く強い色を重ねぬりし，変化のある色の表現方法を理解する。

◆　用意するもの

絵の具，画用紙（八ツ切$\frac{1}{4}$），筆（中，細），パレット，水入れ，布，ためし紙，色鉛筆，紅葉した葉，絵本

◆　指導の展開

①　落ち葉をひろってあそぶ

公園に散歩に行き，自然のさまざまな変化に目を向けさせて，興味をもたせ，いろいろな色，いろいろな形の葉を，園にもち帰ります。

もち帰ったそれぞれの葉の名を確かめ，絵の具をぬってプリント模様を楽しむとともに，葉の形の特色，葉脈の方向に気づかせます。葉の形を生かして，インディアンのかんむりなどの製作をしてあそぶのもよいでしょう。

②　落葉の意味を考える

どうして秋になると，葉の色が変わり落葉するのか，絵本を見ながら考えさせていきます。また，人間のからだのしくみと比較をしながら，理解させます。

③　葉の観察をする

それぞれの葉がどんな形状と似ているか，左右対称であるか，葉脈はどのようになっているかなど，ひとつずつ確かめ合っていきます。

④　葉を描く

各自好きな葉を選び，その葉の色に近い色の色鉛筆で，うすく下絵を描かせます。

次に，1枚の葉の中にもいろいろな色のあることに気づかせ，使う絵の具をパレットに出させ，まず，うすく明るい色を彩色し，完全にかわかないうちに，次の色を重ねてぬらせていきます。

5歳児作品「紅葉」

葉の肉質によっては，ためし紙を使ってみて，パスのほうがよいとか，絵の具で描いたほうがよいとか，また，いちょうのように細い線は鉛筆のほうがよいなどと，今までの経験を生かして，子ども自身に画材を選ばせるようにしてもよいでしょう。

⑤　作品を見て話し合う

できあがった作品と実物とを比較して話し合いながら，重ねぬりの効果を気づかせていきます。

◆　指導の留意点

題材によって，透明感をもった重色のしかた（例，すいか・空），不透明感をもった重色のしかた（例，あじさい・せんべい）を指導しましょう。

◆　関連題材

コスモス（シンメトリー），すいか，りんご（重色）

―― 描画指導のための基礎知識⑦ ――

♣　画用紙(大きさと色)とのかかわり

　描くものが何であれ，当然のように四ツ切か八ツ切の画用紙を出してきて与えがちです。画用紙は絵を描くための材料として，重要な位置をしめているはずなのに，3歳未満児も年長組も，いつも同じように与えられています。

　指導者は描かせる題材によって，与える画用紙の大きさを選び，子どもたちが表現しやすいように配慮していくことが，絶対に必要です。

　そして，紙の大きさとともに問題になるのは色です。ウサギなどの白いものを表現するときには，どうしても色画用紙の必要性を感じます。

　色画用紙の効果として，二つのことが考えられます。一つは，描く対象を目立たせるため，もう一つは，背景や空間というものの情景をある程度だすためです。

　たとえば，お母さんの顔を白い画用紙に描かせて，背景を一色でベタぬりさせている指導者がいますが，それはまったく意味のないことです。背景というものは，ただ色をぬればいいというのではありません。人物の後ろの空間の中にあるものに，子どもたちが気づいて，どうしてもそのような情景表現を必要とする段階がくれば，子どもたち自身が，いろいろなものを描き加えるようになるのではないでしょうか。

　幼児が，あえてぬる必要のないものに，無理やり背景の色をぬらせることは，避けた方がよいでしょう。そんなとき，ふさわしい色画用紙を，指導者が，あるいは子どもたちとともに，選んで使ってみるのがよいでしょう。

12月の描画指導

3歳児　12月の活動
まあるいまあるい目玉やき

◆　指導のねらい

①　同心による二重の丸が描けるようになる。

②　フライパンに対する目玉やきの大きさ，白身に対する黄身の大きさのバランスを考える。

③　フライパンの濃い色に対する，白，黄の明るい色の組み合わせが目立つことを感じとる。

◆　用意するもの

絵の具，色画用紙（フライパンの形，黒・紺・茶・灰色のいずれか，八ツ切$\frac{1}{4}$，白，八ツ切$\frac{1}{8}$，黄），筆（16号，12号），パレット，水入れ，布，鉛筆，はさみ，のり，空カン，実物の目玉やき

◆　指導の展開

①　目玉やきについて話し合う

目玉やきを食べたことがあるか，目玉やきが好きか，おかあさんがつくっているのを見たことがあるか，どのようにしてつくるのかなど，みんなで話し合ってみます。

園で飼っているにわとりを観察し，わらのなかにはいっている卵をみつけます。

②　実物目玉やきをみる

みんなの前で実際に目玉やきをつくってみせ，白身の部分の色の変化していくようすを観察し，全員で食べてみます。

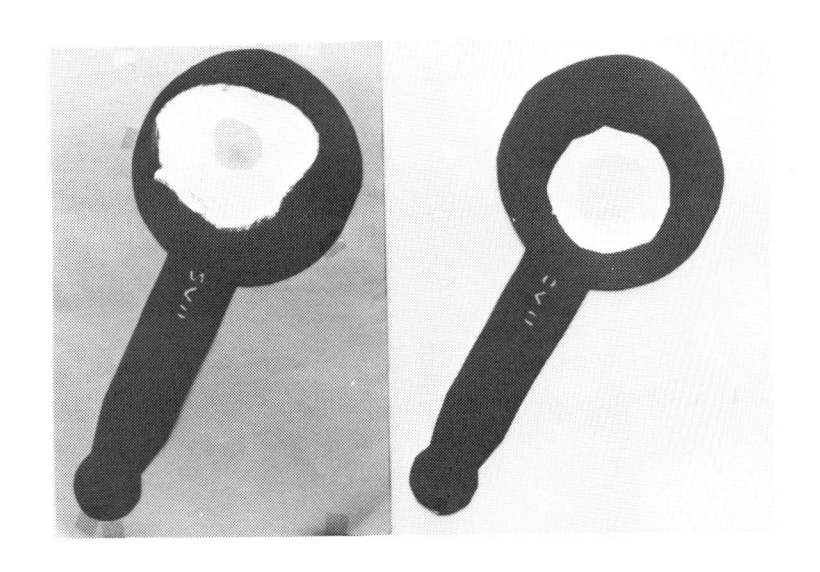

3歳児作品　左：描画の「目玉やき」，右：貼り絵の「目玉やき」

③　切り紙で目玉やきをつくる

　フライパンの形をした画用紙に，卵を割って焼くまねをさせてみます。

　はじめに，白画用紙に空カンを使って鉛筆で丸を描き，はさみで切り抜いて，フライパンの中心にのりで貼らせます。次に，黄色の画用紙にのり容器のふたなどを使って丸を描き，切り抜いて白身のまん中に貼らせます。

　白身がフライパンの中心にあるか，黄身が白身の中心にあるか見合います。

④　目玉やきを描く

　16号の筆に白の絵の具をたっぷりつけ，まん中から外側へ丸を描かせます。白身の部分がかわいてから12号の筆に黄の絵の具をつけ，白身のまん中から外側へ丸を描かせ，黄身の大きさになったところで止めます。

⑤　作品を見て話し合う

　だれがいちばんおいしそうか，互いに比べあってみます。

◆　指導の留意点

　白身の部分は，水の量が多すぎると台紙の色がでてしまいます。水は1回だけつけて，絵の具を濃く溶くようにさせましょう。

◆　関連題材

　せんべい，かわりだま

■■■■■■■■■■■■■■■■■■■■ 4歳児　12月の活動 ■■■■■■■■■■■■■■■■■■■■

今日は雨ふり

◆　指導のねらい

　共通の生活経験をもとに，人体の複合された形を，今までの活動を生かして描く。

◆　用意するもの

　絵の具，色画用紙（八ツ切，灰色），筆（12号），パレット，水入れ，布，鉛筆，かさと長ぐつ（各自のもの），ためし紙

◆　指導の展開

①　雨の日の登園のようすを話し合う

　雨ふりの日（少し強い雨の日が，実感がわいてよい），雨はどんなふうに降っていたか，かさはどのようにさしてきたか，そしてどのように歩いてきたかを話し合います。「外に出たら雨がいっぱい降っていたから，長ぐつをはいて，かさを両手でしっかり持って歩いてきた」「前のほうから雨が降ってきたから，顔のところまでかさを斜めにさして歩いてきた」「かさも長ぐつもびっしょりぬれた」「ひどい雨だったから，急いで歩いてきた」「斜めの雨だったから，顔も洋服もぬれてしまった」「新しい長ぐつを買ってもらったからはいてきた」

　もういちど長ぐつをはき，かさをさして，歩いてきたようすを再現します。

②　長ぐつについて話し合う

　運動ぐつと比べてみます。運動ぐつだと，水たまりでぬれてしまうし，水たまりがなくても足がぬれて気持ち悪くなるけれども，長ぐつだと平気で歩けることを話し合います。そして，運動ぐつより大きくてひざのところまで

あるので，歩くと音がするというようなことにも気づきます。

③　かさについて話し合う

「色は赤，青，黄が多い」「かさは丸いけれど，骨のところはとがっている」「骨と骨の間は，なかにすこし曲がっている（弓状のこと）」「持つところがつえみたい」「ジャンプ式だからポンとさせる」「ジャンプ式でないのでさすとき力がいる」

必要なことを説明し，再現させます。友だちの姿をよく見て，かさの持ちかたによって，からだの見えかたが違うことを確認させます。

4歳児作品「雨ふり」

④　雨について話し合う

雨は上から下に降ってきます。けれども，上からばかりでなく，時には風などで斜めに降ってくるということに気づかせます。

⑤　かさをさし，長ぐつをはいて歩いているところを描く

どこから描いたらよいか考え，画面の構成からいって，人間から描いたほうがよいことをわからせます。

まず，かさをもつ手がどうなっているか，長ぐつをはいているようすはどうか，などを考えさせながら，鉛筆で下絵を描かせます。

次に絵の具で描かせます。洋服，かさ，長ぐつは，おのおのの色を選ばせます。

⑥　雨を描く

雨の色を考え合い，白，灰色を選びます。筆先で，かさに降りかかる雨，まわりに降っている雨を描かせます。

⑦　作品を見て話し合う

雨の日の姿がうまく描かれているかどうか，みんなで話し合います。

5歳児　12月の活動①
さびしそうな葉の落ちた樹木

◆　**指導のねらい**

①　自分たちのまわりの，自然の変化に気づく。

②　落葉後の太くたくましい幹・枝を表現する。

③　あまり使用経験のないにぶい灰みの調子で，葉の落ちた樹木を描き，色彩経験を豊かにする。

◆　**用意するもの**

絵の具，色画用紙（八ツ切，灰色），筆（太，中，細），パレット，水入れ，布，ためし紙

◆　**指導の展開**

①　落葉した樹木を観察する

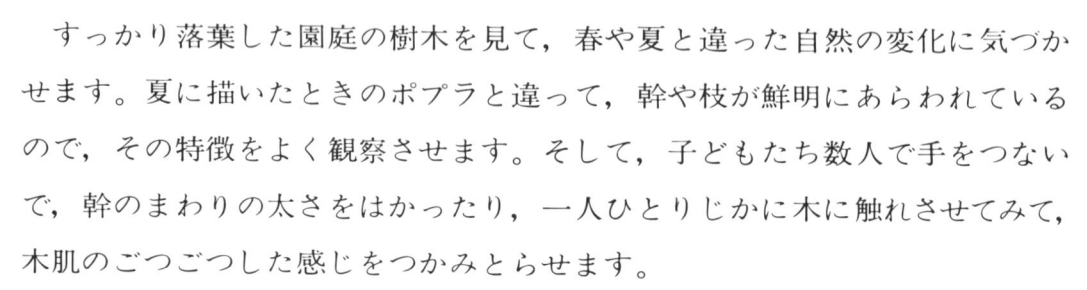

すっかり落葉した園庭の樹木を見て，春や夏と違った自然の変化に気づかせます。夏に描いたときのポプラと違って，幹や枝が鮮明にあらわれているので，その特徴をよく観察させます。そして，子どもたち数人で手をつないで，幹のまわりの太さをはかったり，一人ひとりじかに木に触れさせてみて，木肌のごつごつした感じをつかみとらせます。

②　冬の木の特色を話し合う

「夏の木のような葉っぱがないね」「枝がたくさん見える」「葉っぱがなくて寒そう」「でも，太くて背が高くて，堂々としているよ」「寒いから葉っぱが落ちるのかな」「栄養がまわらないから落ちちゃうの」「葉を落として幹に栄養をためて冬眠するんだね」

③ ポーズあそびをする

木のそそり立つ姿や枝の伸びているようすを，からだや手を使って，表現あそびをさせます。

④ 木を描く

外で見てきた木の特色を整理させ，鉛筆で画用紙に，下絵を描かせます。

次に，土の色，幹の色を話し合い，混色して描いていきます。「土の色は，黒と白と灰色を使うといいよ」「幹は，茶と黒と白を少しずつ混ぜるといいね」幹の太くごつごつした感じは，点描により表現させます。枝は細筆で描かせますが，ま横ばかりではなく，上へ上へと伸びている枝があることを理解させ，表現させていきます。

5歳児作品「葉の落ちた樹木」

⑤ 作品を見て話し合う

できあがった作品を貼り，にぶい調子の色も，統一したトーンでまとめると，美しい感じになることを知ります。

◆ 指導の留意点

葉の落ちた木を観察して描かせることで終わるのではなく，冬が終わって春になり，若葉をつけたポプラにまで，指導をつなげることがたいせつです。

◆ 関連題材

落ち葉，枯れた草花

5歳児　12月の活動②
赤いリボンのおさげの女の子（後ろ向き）

◆　指導のねらい

① 　線の動き，方向，性質（やわらかくやさしい線）を理解する。

② 　立体的に質量感を表わし，それに続く首や肩の線をみつける。

◆　用意するもの

絵の具，色画用紙（40×28cm，ベージュ），筆（太，中），パレット，水入れ，布，クレヨン，鉛筆，バレーボール，モデル

◆　指導の展開

① 　モデルを選ぶ

髪の毛に特徴のある子どものなかで，肩や首の線がはっきりとわかるような，すっきりとした頭の子どもを選びます。たとえば，後部のまんなかを分けて左右をゴムでくくっている子どもなど，よいでしょう。

② 　頭の形を知る

丸と球の違いを見つけさせます。子どもたちは頭の形を，丸といいます。そこで，紙を丸く切り抜いたものとバレーボールとを比較させます。もちろん，ボールのほうが頭の形に近いということがわかります。ボールはどこから見ても，丸い形を変えません。丸と球との大きな違いは，球はどこから見てもでっぱっているということです。

③ 　髪の毛の流れを知る

ゴムでくくってある方向に向かって，髪の毛が流れていることをわからせます。

④ 　描く

(イ) 　頭を描く

画面に頭の位置を決め，肌色の絵の具で，頭と首の部分を描いていきます。首は，中心からだんだんとひろげていって，適当な大きさにしていきます（図－1）。

5歳児作品「おさげの女の子」

図―1

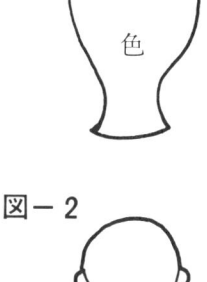

図―2

図―3

図―4

(ロ) 首，肩，背を描く

　首から肩の線をみつけるのが，いちばんむずかしいところです。吊りスカートを使って，首と肩の線をよりはっきりさせ，両腕の位置も，わかりやすくさせます。肩すぼみになりやすい（図―2）ので，背中は大きいということに気づかせてから，しっかりした背中とタスキを描かせます（図―3）。

(ハ) 髪の毛を描く

　髪をくくっている部分にしるしをつけます（図―4）。そこに向かって，黒・茶・こげ茶のクレヨンを使って「やさしく髪をとかしてあげようね」と言いながら，ゆっくりとていねいに，1本1本描かせます。

(ニ) 服とリボンをぬる

　毛糸の感じをだすよう，点描でモコモコした表現をさせます。リボンは，ワンポイントになるので，はっきり濃くぬるように指導します。

◆　指導の留意点

　頭の位置と大きさを最初にきちんと表現させないと，肩と髪の表現がうまくできなくなります。

― 描画指導のための基礎知識⑧ ―

♣ 混色の方法と留意点(絵の具)

*有彩色どうしの混色(ある色とある色を混ぜて違った色をつくる)

　赤と黄を混ぜて橙をつくり，緑と青を混ぜて青緑をつくり，青と赤を混ぜて紫をつくります。

*有彩色と無彩色との混色(ある色に白か灰か黒を混ぜてつくる)

　白に赤を少しずつ加えて，白っぽいピンク，ピンク，赤にちかいピンクというように，明るい色をつくるために，白を混ぜてつくります。

　そして，暗い色をつくるために，黒を少しずつ混ぜてつくります。

　地面，枯れた葉のような，にぶい感じの色をつくるためには，灰色を混ぜます。

　これらの混色によって，違う色み，明るい色，にぶい色などができます。

〈混色するときの留意点〉

・有彩色どうしのときは，必ず似た色の組み合せ(12色相環で見ると，となりあっている色どうし)を考えてください。反対色どうしですと，色がにごったりします。たとえば，赤と緑，黄と藍など。
・色を混ぜる場合，明るい色に暗い色を少しずつ混ぜていくようにします。
　(ピンクをつくるときは，白に赤を混ぜていき，赤と黄を混ぜて橙をつくるには，黄のなかに赤を少しずつ混ぜていきます。)

1月の描画指導

3歳児　1月の活動

四角い窓のバス

◆　指導のねらい

①　左から右への太い線の重なりで，横に長く美しく描く。

②　四角い窓を描く。

◆　用意するもの

絵の具，画用紙（八ツ切½，こげ茶または黄土），筆（12号），パレット，水入れ，布

◆　指導の展開

①　バスについて話し合う

バスを知っているか，乗ったことがあるか，そして，バスはどんな形をしているか，他の車とはどこが違うかなどを，話し合います。

「バスは大きくて，たくさんの人が乗れるよ」「バスは長四角になっている」「窓がたくさんあるよ」

バスの絵がでている絵本を見せ，バスの形を確認します。

②　ほんもののバスを見てから話し合う

ほんもののバスをみんなで見に行き，帰って来てから，もういちどバスについて話し合います。そして長四角で，窓がたくさん並んでいることををわからせます。

③　バスを描く

(イ)　どのように描くか話し合う

乗車口のない側からみたところを描くことにして，色を決めさせます。そして，窓の部分と車体の色の，2色に決定させます。

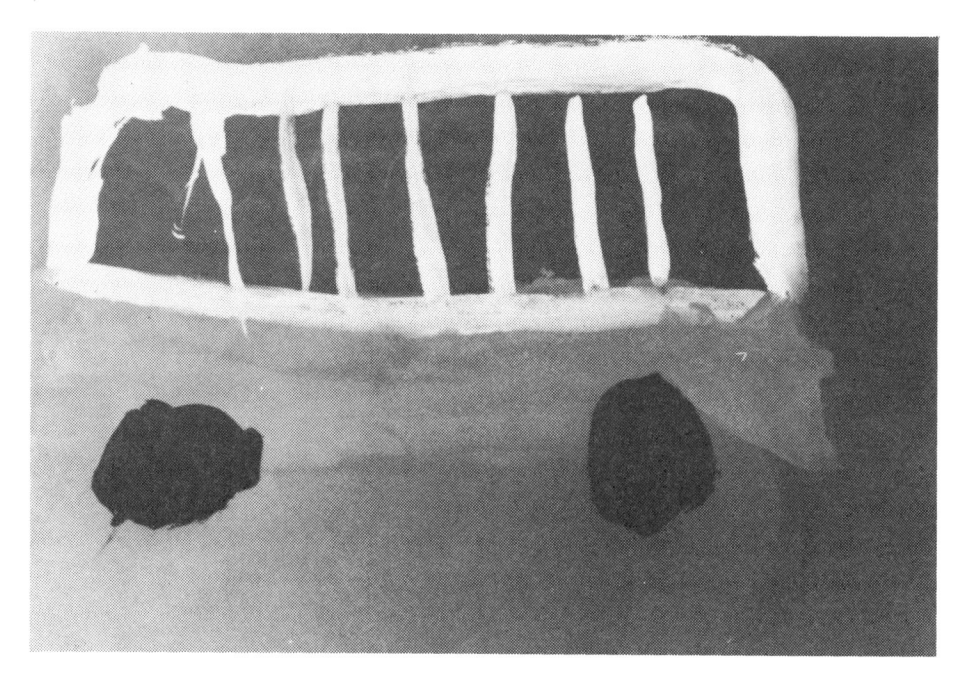

3歳児作品「バス」

　バスの横の長さはどれくらいにしたらよいか，決めさせます。次に，どれくらいの高さにしたらよいかを話し合い，指で描かせます。

(ロ)　絵の具で描く

　絵の具で，窓の部分を描かせます。横に長い線を重ねていきます。絵の具がかわいたら，車体の色で，同じように車体を描いていきます。このとき，筆をたっぷりおろして太い線で描き，はじめと終わりの線が上から順に並ぶようにさせます。絵の具がかわいたら，白い絵の具を使って細線で，窓わくを描かせます。

　タイヤの位置と数，色を話し合い，見えるのは2つであることをわからせてから，タイヤの位置を指でおさえさせます。車体の下の両端近くの位置を確認したら，筆に黒い絵の具をつけて，中心よりうずまきを描きながら，丸いタイヤにしていきます。

　④　作品を見て話し合う。

　できあがった絵を見て，友だちの絵と比較させます。どの子も同じように上手に描けたと喜び，机の上に立てて動かしてあそばせます。

|||||||||||||||||||||||||||| 4歳児　1月の活動①　||||||||||||||||||||||||||||

表情豊かな友だちの顔

◆　指導のねらい

①　友だちを描いてみることにより，日ごろ気づかない特徴を発見し，いっそう親しみを深める。

②　特徴をとらえて描く。

③　肌の色をよく見て描く。

◆　用意するもの

絵の具，画用紙（八ツ切$\frac{3}{4}$），筆（太，細），パレット，水入れ，布，鉛筆，ためし紙，粘土

◆　指導の展開

①　話し合いをする──1日目──

1年間同じクラスで過ごしてきた，友だちの性格やくせを，思い出とともに話し合います。

手あそびをしながら，顔の一つひとつの部分に注意を向けさせ，それぞれどのような役割をもっているか，話し合ってみます。このとき，にらめっこや福笑いをして，部分のそれぞれの位置を理解させてもよいでしょう。

②　粘土でつくる

粘土を用いて，ひとつのかたまりのなかに，でっぱっている部分やひっこんでいる部分があることをわからせ，表情を立体的に表現させます。

③　モデルを見て話し合う──2日目──

友だちどうしで選んだモデルを前に出します。そして，モデルの顔の形や表情，肌の色の特徴を話し合います。

④　友だちの顔を描く

(イ)　鉛筆で描く

画用紙の上で，部分の位置関係を確認し合いながら，鉛筆で下絵を描かせます。まず，顔の輪かくをとらえさせ，その$\frac{1}{2}$の位置に耳があり，耳と耳の

間に鼻があることに気づかせます。そのあと,目,まゆ毛,口,髪の毛を描かせます。

　(ロ)　肌をぬる——3日目——

　子どもたちのもつ概念的な肌色とモデルの肌の色との違いに気づかせ,ためし紙を用いて,肌色づくりをさせます。どのような色を混ぜたら,より肌の色に近くなるかを話し合い,必要な色をパレットに出させます。白,黄土,茶,黒,オレンジを,ピンク系,オークル系の肌の色により,また,明るい部分と暗い部分により,分量を変えて混色させていきます。

4歳児作品「友だちの顔」

　顔のなかでいちばんうすい部分を全体にぬらせ,だんだん濃く強い色をぬり重ねるように彩色させます。

　(ハ)　髪の毛やその他の部分を描く——4日目——

　髪の毛も,黒ばかりではなく,モデルの髪の毛の色をよく見て,混色によってつくらせます。髪の毛の質感や量感をだすように,流れにそって筆を動くようにさせます。そのあと細筆で,目,まゆ,口を描かせます。

　⑤　作品を見て話し合う

　みんなの作品を展示して,それぞれの顔の表情を見合います。

◆　**指導の留意点**

　顔を美しく描くということだけでなく,その子どものもつ表情や特徴を表現するように指導することも,たいせつです。

◆　**関連題材**

　おとうさん,おかあさん,わたしの先生

4歳児　1月の活動②
おもしろい魚シマダイを描こう

◆　指導のねらい

縦，横，斜めの線の方向や，集合による量感のあるフォルムを形成する。

◆　用意するもの

絵の具，画用紙（八ツ切），筆（中），パレット，水入れ，布，ためし紙，鉛筆，シマダイ

◆　指導の展開

①　あてっこあそびをする

1匹のシマダイを袋のなかに入れ，子どもたちの間を歩いて，ヒントを与えたり，さわらせたり，においをかがせたりしながら，中身を当てさせます。「魚のにおいだ」と，子どもたちがわかったら，知っている海の魚や，川の魚の生活の話をし合い，人間の生活とのかかわり合いを知らせます。

②　シマダイを観察する

シマダイを囲んで観察し，気づいた点を話し合います。

「口がある」「しっぽもある」「背中にも，しっぽの下にもひれがある」

何人かの子どもに，黒板にシマダイを描いてもらって，それぞれ補足するところや，よく特徴をとらえているところを話し合います。

③　鉛筆で描く

画用紙と鉛筆を配り，画用紙の短い辺を2等分して折り，中心の線にします。今までの話し合いにでた特徴を確認し合いながら，下絵を描かせていきます。

4歳児作品「シマダイ」

④ シマダイの色を観察する

Ⓣ「このシマダイは，どんな色の洋服を着ているかしら」Ⓒ「白と黒のシマシマ模様だ」「口のところがすこし赤いよ」「しっぽのところが，うすくて黄色みたいだ」

⑤ 絵の具で描く

しまの部分が黒と白との混色によってできていることに気づかせ，ためし紙にぬってみながら，彩色させます。口の部分は赤，しっぽのほうはうすい黄色で，彩色させていきます。

⑥ 作品を見て話し合う

できあがった作品を展示し，それぞれの作品を評価し合います。きりぬいて，壁に海を想定して貼ってもよいでしょう。

◆ 指導の留意点

黒と白を混色させるときは，黒に対する白の分量に注意させましょう。

◆ 関連題材

いか，熱帯魚

5歳児　1月の活動①
友だちの横向きの顔

◆　指導のねらい
　①　形の組み合わせを表現する。
　②　明暗により，質感，量感を表現する。

◆　用意するもの
　絵の具，画用紙（八ツ切），筆（太，中，細），パレット，水入れ，布，ためし紙，鉛筆，粘土，モデル

◆　指導の展開
　①　モデルを選び，話し合う
　モデルをひとり選び，横向きにすわらせます（なるべく描きやすい子どもを選びます）。そして，横向きをとらえやすいように，机を並べかえます。横向きの全体と部分の形，それぞれの位置関係について，話し合います。
　②　粘土でつくる
　粘土で横向きの顔をつくります。耳の位置を決め，目，鼻，口をつけていきます。粘土でつくった顔をモデルと比較しながら，もういちどそれぞれの位置関係を確認させます。
　③　横向きの顔を描く
　(イ)　鉛筆で描く
　部分を描く前に，目，耳，口の形や，耳の長さと鼻の長さとが同じであることを，再度確認し合ってから，鉛筆で描かせ

横向きの顔を粘土でつくってみましょう

ます。

　髪の毛の1本1本が，どこから生えていて，流れがどのようになっているかを話し合い，描かせていきます。

　㈹　絵の具で描く

　顔の色はどんな色があるかを話し合い，絵の具をだし，ためし紙に描いてモデルと比較します。もういちど，顔の色を見直してから描き，つぎに，ほっぺたの部分を描かせます。

　髪の毛の色を，話し合います。色づくりをして，筆先で髪の毛の生えているようすや流れに注意して描かせます。

　最後に，目，口を描かせます。

④　作品を見て話し合う

　モデルと描いた絵との比較をして，自分の苦心した点，うまくいった点などをそれぞれ発表し合い，話し合いをします。

◆　指導の留意点

　茶，黄土，白，黒を，それぞれ分量を変えて混色していって肌の色表をつくっておくと，顔の部分の色をぬるときに，比較しやすいでしょう。

◆　関連題材

　前向きの顔，にらめっこ

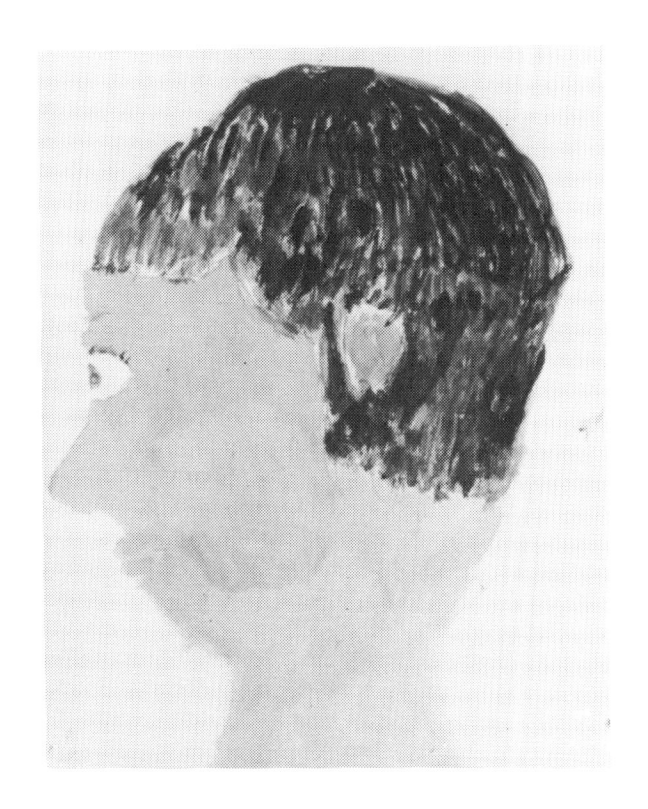

5歳児作品「横向きの顔」

5歳児　1月の活動②
いっしょうけんめい走ったマラソン

◆　**指導のねらい**

①　からだの動きを表現する。

②　複雑な形，構図を考える。

◆　**用意するもの**

色画用紙（八ツ切，クリーム色），画用紙（四ツ切），色鉛筆（12色），切り紙人形，はさみ，のり

◆　**指導の展開**

①　マラソンをする

園庭や散歩道を毎日元気にマラソンし，マラソンをすると，からだがあたたまり丈夫になることをわからせます。回数を重ねるにつれ，走りかたも，やや前かがみで走ったほうが楽に走れるということに気づき，友だちのからだの動きや曲がりぐあいにも，目を向けさせていきます。

②　紙人間をつくる（7月の活動①を参照）

7月の活動でつくったものと同じように紙人間をつくり，いろいろなポーズをつくってあそばせます。そして，マラソンの姿勢をつくって画用紙の上におき，体の姿勢，腕の動き，足の動きなど友だちと相談し，補正し合ってから，のりづけさせます。これを，紙版画にしてもよいでしょう。

③　紙人間のポーズを確かめ合う

できあがった紙人間を壁に貼り，マラソンのポーズになっているかどうか，一人ひとりの作品を確かめ合います。

④　マラソンを描く

紙人間のポーズをみて，こんどは絵に描いてみようと呼びかけます。

5歳児作品「マラソン」

(イ) 指で描く

画用紙を配り，自分と友だちをどこに描くか見当をつけさせ，指でその位置に，マラソンをしているようすを描かせます。

(ロ) 色鉛筆で描く

次に，色鉛筆で構図と色を考えながら描かせます。途中でわからなくなったら，友だちどうしでマラソンのようすを確かめ合ったり，紙人間を見直したりして，ゆっくりとていねいに描くようにさせます。洋服，くつ下，くつの色は，それぞれ各自の着用している色を使わせるようにします。

⑤ 作品を見て話し合う

できあがった作品を見合いながら，マラソンをしているかっこうになっているか，いっしょうけんめい走っているようすがでているかなど，みんなで話し合っていきます。

◆ 指導の留意点

① マラソンはなるべく長期間続けるようにし，全員がよろこんで参加できる状態にしておきましょう。

② 紙人間は，いろいろなときに利用できるので，厚手の紙でつくって，いつも用意しておくとよいでしょう。

―― 描画指導のための基礎知識⑨ ――

♣ 色彩用語の解説（１）

〈色相（色あい）〉

　色を見分けるうえでの特徴として，赤み，黄みなどという色の性質をいう。

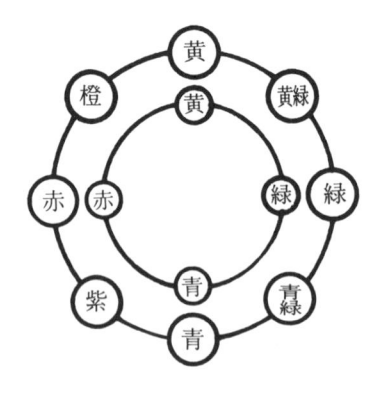

〈色み〉

　有彩色――色みを含んだ色（明るさ，あざやかさのちがい）

　無彩色――色みをもっていない。
　　　　　（白，灰，黒，明るさのちがいだけ）

〈色み別〉

　３歳未満児では４色相，３～５歳では８色相が理解されればよいでしょう。

〈トーン（色の調子）〉

　明るい，暗い，強い，弱い，さえた，浅い，うすい，濃い，にぶい，灰みの調子＝純色に白・黒・灰色をまぜる。

〈反対色〉

　色環の中のその色を頂点に正三角形をかき，その底辺にあたる色。

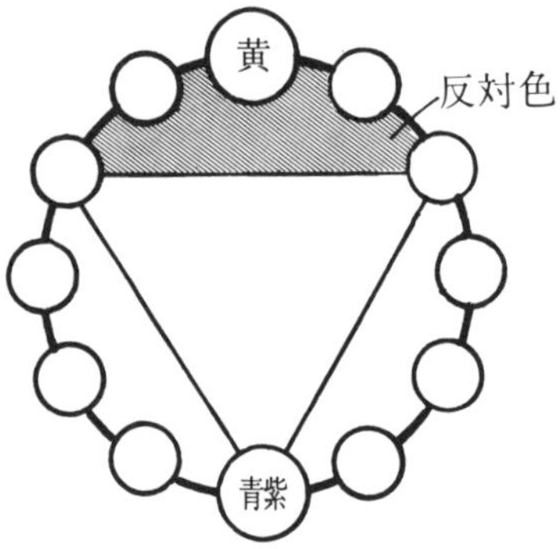

〈補色〉

　その色の真反対に位置する色。
　　例：赤と緑は補色関係

〈 ８ 色 相 〉

2月の描画指導

|||||||||||||||||||||||||||| 3歳児　2月の活動 ||||||||||||||||||||||||||||

いち・に・さん・し 体操しているわたし

◆　指導のねらい

①　身体の特徴とバランスをとらえる。

②　顔の形，色を理解して表現する。

◆　用意するもの

絵の具，画用紙（八ツ切½，紙人間用　八ツ切¼），筆（中），パレット，水入れ，布，ためし紙，色鉛筆，はさみ，のり

◆　指導の展開

①　人間の身体について知る──1日目──

人間の身体を頭，胴，手，足の4つの部分に分けて説明し，それぞれの部分の役割，形について簡単に話し合います。

②　紙人間をつくる

画用紙で紙人間をつくり，全体のバランスやその動きを，紙人間を動かして理解させます。そして，手足を動かして体操させたり，人形劇をして楽しくあそばせます。

③　みんなで体操をする

紙人間でやった体操を，こんどは子どもたちにやらせてみます。いちばん最後に手をあげているところを鏡にうつして，全体の感じをつかませ，紙人間もそれと同じ格好をさせて台紙に貼りつけます。

④　顔を描く──2日目──

(イ)　顔の形をとらえる

画用紙で，顔の大きさぐらいに三角，四角，丸の3つの形をつくり，これを比較して，どの形が顔に似ているか，友だちの顔や自分の顔を見比べて，大まかに形をとらえさせます。

(ロ)　顔の色をとらえる

白，黄土，茶色を混ぜて2種類の色をつくり，どちらがよく似た色である

か，子どもたちに確かめさせます。

　(ハ)　画用紙を配る

　画用紙は，バランスをとりやすくするために，3等分して折りめをつけ与えます。

　(ニ)　筆の使いかたを確認する

　画用紙に顔の位置を指で示し，形をとらえさせます。次に，絵の具をつけない筆で，1点からくるくる動かし，だんだん大きくして顔を描くことを知らせます。

　(ホ)　顔を描く

　白，黄土，茶を選び，黄土に茶を少しずつ入れて，それをまた，白に少しずつ入れて混色します。ためし紙にぬってみて，顔の色と比べながら，つくっていきます。

　顔の形を再確認したら，絵の具を筆によくふくませて，顔，耳，首と描いていきます。かわいたら，髪の毛，まゆ毛，目，鼻，口のひとつひとつの形と色をとらせ，色鉛筆で描かせていきます。

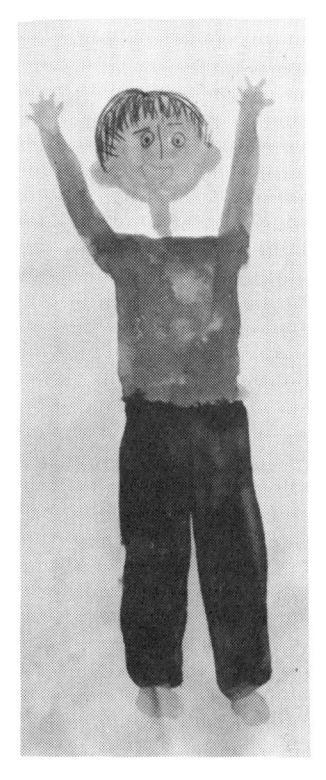

　⑤　胴体，手足を描く——3日目——

　胴体の部分の形や，体操しているときの腕はどうなっているかを話し合って確かめていきます。

　洋服の色をみつけて絵の具を筆にふくませ，胴体と腕を描かせます。つぎに，自分のはいているズボンを見て，形と色を確かめ，絵の具のなかから似た色を見つけて筆にふくませ，ズボンを描かせます。

　最後に，手と足を描かせます。

　⑥　作品を見て話し合う

　できあがった作品を貼り，みんなで見て話し合います。

3歳児作品
「体操しているわたし」

|||||||||||||||||||||||||||||| **4歳児　2月の活動①** ||||||||||||||||||||||||||||||

前向きとどうちがうかな(足をのばしているところ)

◆　指導のねらい

　横向きの人体の複合された形を表現する。

◆　用意するもの

　絵の具，画用紙(八ツ切)筆(中)，パレット，水入れ，布，ためし紙，色鉛筆，クレヨン，紙人間

◆　指導の展開

　①　ポーズをつくる

　紙人間を使って，いろいろなポーズをつくってあそび，子どもたちに同じポーズをつくらせます。紙人間のポーズを，足をのばしてすわっているところにして，子どもたちにも同じポーズをとらせます。

　モデルを前に出して横向きにすわってもらい，特徴を話し合います。

　「目がひとつ」「鼻が出ている」「前から見たより太っていない」「足が1本に見える」

　②　頭を描く

　絵の具の黄土，白，茶をまぜて，ためし紙にぬりながら，顔の色をつくっていきます。色ができたら，ゆっくりとまるを広げて，頭の大きさになるように描かせます。「鼻と目と口と髪の毛がない」ということで，まず，筆先で鼻をつけたし，次に，頭とからだをつないでいる首に気づかせ，描かせます。

4歳児作品「足をのばしているところ」

③　からだを描く

上半身は長丸であることを確認し，腕の長さや太さに注意して描かせます。次にズボンと足を描かせます。このとき，ひざが出ている点に注意を向けさせます。

④　髪の毛を描く

クレヨンのなかから，髪の毛に似た色をさがさせます。髪の毛は，前から見たときは違って，頭のうしろのほうにあることに気づかせてから描かせます。

⑤　顔を描く

色鉛筆で，まゆ毛，目，口を描かせます。

⑥　作品を見て話し合う

みんなでお互いの作品を見合って，よくできたところ，できなかったところについて話し合います。

|||||||||||||||||||||||||||| **4歳児　2月の活動②** ||||||||||||||||||||||||||||

じょうずになったなわとび

◆　指導のねらい

①　なわとびの動作をとおして，身体の動きを表現する。

②　上手にとびたい気持ちや上手にとべた喜びが表現されるように考える。

③　今まで習得した手法を用いて描く。

◆　用意するもの

絵の具，色画用紙（八ツ切，明るい灰色），筆（8号），パレット，水入れ，布，ためし紙，鉛筆，折り紙（肌色），厚紙，はさみ，のり，毛糸，粘土

◆　指導の展開

①　なわとびあそびをする

園庭で，元気よくなわとびをしてあそびます。自由にあそばせながら，教師は足のあげかたや動き，手のまわしかた，縄の動きに注意を向けるよう，個々または全体にことばかけをします。

②　なわとびの動作を話し合う

なわとびあそびを絵に描くことを話し，室内に入ります。モデルを1人選び，ゆっくりとんでもらって，足，手，縄の動きをみんなで話し合います。関節をいろいろ動かしてみて，手足を大きく動かすほうが表情が豊かになることを，わからせます。

自分たちでも，なわとびをしていたときの動作をまねてみて，手，足，首が大きく動いているほうがおもしろい形になることに，気づかせます。

③　折り紙を切ってポーズをつくる

折り紙を切って，なわとびをしている自分の姿を構成させます。「気をつけ」の姿勢から手足を動かして，首から肩，腕へと，1本につながる線をわからせます。また，腰からひざへ流れる線のつながりを，きちんと確認させます。

毛糸を切り，縄に見たてて持たせます。

机の上に並べた形を，教師といっしょに点検して，いちばんなわとびらしい形を決めていきます。できあがったら厚紙に貼らせます。

④　粘土でつくる

身体の各部分のでこぼこに注意を向けて粘土でつくらせます。とくに，頭から首，胴へのつながりかた，首の太さ，あご，肩の厚みに気をつけさせます。頭が大きくなりすぎないように，全体のバランスをよく見るようにさせます。

⑤　なわとびをしているところを描く

(イ)　大きさと位置を決める

貼り絵を見ながら，指で画用紙に大まかな形を描かせ，大きさと位置を確認させます。画用紙に，全身と縄がバランスよく描けるように考えて，頭の大きさと位置を決めさせます。画面いっぱいに頭を描くほうがよいか，構図を考えて余白を残すほうがよいか話し合います。頭の大きさが決まったら，身体の形の大きさを決めさせます。

(ロ)　鉛筆で描く

頭，胴，足，足首，手首と，確かめながら鉛筆でゆっくり描かせます。

4歳児作品「なわとびをしているわたし」

からだ全体が描けたら，顔の各部分，髪の毛，縄を描かせます。全部描けたら，もういちど見直しをして，まちがえたところや書き加えたいところを描かせます。

(ハ) 絵の具で描く

絵の具の使いかたは，今までに十分指導してあるので特別には指示しませんが，肌色，髪の毛の色については，混色を指導します。肌色は，茶1，黄土1，白少々，髪の毛は，こげ茶1，紫少々の割合がよいでしょう。顔，上衣，ズボン，手足，髪の毛，くつ下，くつ，縄の順に描かせます。

⑥ 作品を見て話し合う

できた作品を見合って，ほんとうにとんでいるように描けたか，話し合います。

◆ 指導の留意点

根気よく，何日も時間をかけて取り組むことが必要です。

5歳児　2月の活動①

よく見て描こうシクラメン

◆　**指導のねらい**

　線描，点描などの描画手法の，総合的な活用による表現をおこなう。

◆　**用意するもの**

　絵の具，画用紙（38×38cm），筆（中，細），パレット，水入れ，布，ためし紙，鉛筆，シクラメン，菊

◆　**指導の展開**

　①　シクラメンを観察して話し合う──1日目──

　ⓣ「菊の花と比べて，どうでしょう。違うところをさがしてみましょう」ⓒ「花もつぼみも，下を向いているよ」「葉っぱが，たくさん集まっているみたいだ」ⓣ「茎のところに集まっているのかしら」ⓒ「葉っぱは葉っぱで，別々にでているよ」「たくさんあって，半分しか見えないのもあるよ」「植木ばちも，すこし葉っぱのかげで見えないところがあるよ」ⓣ「植木ばちの形は，丸いかしら，四角いかしら」ⓒ「丸くてだんだん細くなっている」

　こまかく，シクラメンを観察させていきます。

　②　シクラメンを描く

　(ｲ)　鉛筆で描く

　シクラメンを見ながら，画用紙に描く位置を決めさせます。そして，鉛筆を使って，花，茎，葉，植木ばちの順に描かせます。

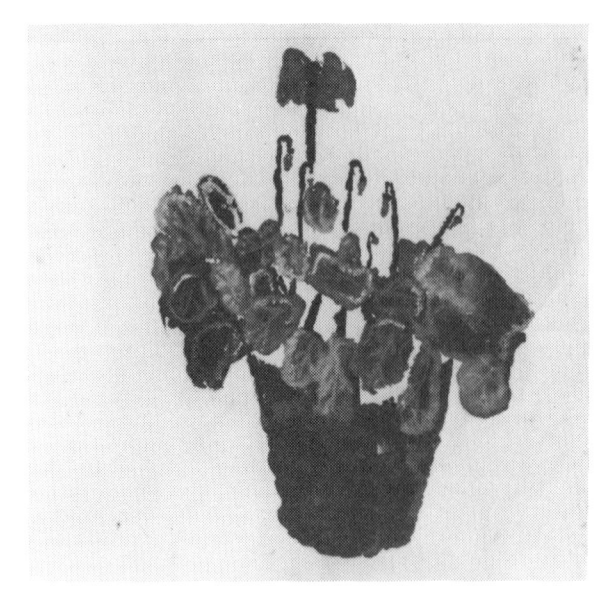

5歳児作品「シクラメン」

(ロ) 絵の具で描く——2日目——

　花，茎，葉，植木ばちのそれぞれの色を，ためし紙で確かめながら，描かせます。花は，細筆を使って，赤紫をぬらせます。茎も細筆を使って，赤とぐんじょう色を混色してぬらせます。葉は中筆を使って，あい色，ビリジャン，黄緑の順に，それぞれかわかないうちに重ねぬりをしてから，水を多く含めて溶いた白い絵の具で，葉の模様をぬらせます。

　植木ばちも同じ手順で，こげ茶，茶の順にぬらせます。そして，植木ばちにこけが生えている部分は，深緑をぬっていきます。

③　作品を見て話し合う

　どこがいちばん苦労したか，実物によく似ているのはどれかなど，みんなで話し合います。

◆　指導の留意点

　下絵を鉛筆で描くとき，あまり強く描くと，線があとから見えてしまうので，なるべくうすく描くか，あるいは，それぞれの色に似た色鉛筆を使うとよいでしょう。できるだけ鉛筆を使わずに描けるようにしむけましょう。

◆　関連題材

　サイネリア

5歳児　2月の活動②
物語の絵を描こう—「おおきなかぶ」

◆　指導のねらい

①　『おおきなかぶ』の物語を理解するなかで，協力する心を育くむ。

②　人間のからだのバランス，そして，かぶと大人，大人と子どものバランスを知る。

③　白いかぶがよく目立つような，地面の色を考える。

◆　用意するもの

絵の具，画用紙（四ツ切），筆（太，中，細），パレット，水入れ，布，鉛筆，パス，折り紙，はさみ，のり，ペープサート

◆　指導の展開

①　『おおきなかぶ』のお話を聞き，親しみをもつ

『おおきなかぶ』の読み聞かせをおこなってから，ペープサートや劇あそびなどへ発展させ，親しみをもたせます。

②　おおきなかぶごっこをする

おおきなかぶごっこをして，かぶをひっぱっているときの，からだの曲がりぐあいなどについて，話し合います。

「横から見ると，目が片方しか見えない」「腰を曲げないと力がでない」「足も曲がっている」「手を伸ばして，いっしょうけんめいひっぱっている」

そして，かぶと人間，大人と子ども，子どもと動物の，大きさの違いを理解させていきます。

③　貼り絵をする

モデルを前にだし，かぶをひっぱっているようすをしてもらい，折り紙で画用紙に貼り絵をします。

まず，四ツ切画用紙の左端に，折り紙をやぶってつくったかぶを貼らせます。そして，人間はかぶの半分以下になるような大きさに，折り紙を切って貼らせていきます。

ロシアの風土，風俗を話し合い，人間の着物や周囲のようすを，パスで貼り絵の上に描かせます。

　④　鉛筆で描く

　かぶの茎をもっているおじいさん，そしておばあさん，孫，動物のようすを設定させ，貼り絵を参考に，四ツ切画用紙に鉛筆で下絵を描かせます。

　⑤　絵の具で描く

　地面，空を彩色させ，次に，かぶ，人間，動物を彩色させます。

　⑥　作品を見て話し合う

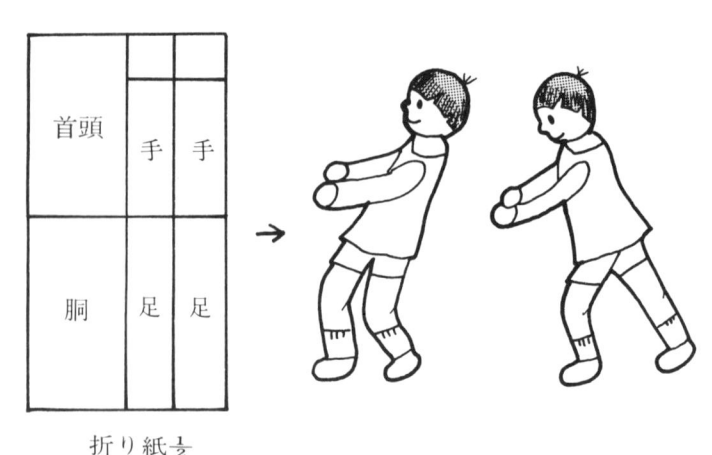

　できあがった作品を見ながら話し合い，紙芝居づくりに発展させるように，期待をもたせていきます。

折り紙 $\frac{1}{2}$

5歳児作品「おおきなかぶ」

◆　**指導の留意点**

　物語の内容を理解させるとともに，大小の理解，遠近の理解をさせていきましょう。

◆　**関連題材**

　ボールけり，おにごっこ

3月の描画指導

3歳児　3月の活動
雪ふりと雪だるま

◆　**指導のねらい**

今までに習得した総合的な力で表現する。

①　こまかい動きのある点描表現をする。

②　内から外へとひろげて適当な大きさの丸をつくる。

③　丸の大小を表現する。

④　顔の部分の正しい位置関係を把握する。

◆　**用意するもの**

絵の具，色画用紙（八ツ切½，あい色），筆（中，細），パレット，水入れ，布，ためし紙，折り紙（黒，赤，肌色），はさみ，のり，粘土

◆　**指導の展開**

①　雪だるまをつくってあそぶ——1日目——

雪が積もっている日，雪だるまをつくってあそびます。その雪だるまに，目，口，鼻，おへそなどをつけ，バケツをかぶせたりします。

②　雪の降るようすを話し合う——2日目——

雪の降っている日，園庭に出て空を見上げ，降ってくるようすを話し合います。「きれいだ」「冷たい」「気持ちよい」「上からチラチラ落ちてくる」

上から雪が降ってくることを，確かめ合います。

③　雪降りを描く

窓べに机を並べ，すわって雪降りを見ます。そして，雪の歌をみんなでうたいます。

㋠「雪が降っているところを絵に描きましょうか」 ⓒ「うん，描きたい」

絵の具を用意して，まず，空に指で「チラチラ」と言いながら描かせます。次に，配った画用紙の上に，指で「チラチラ」と言いながら描かせます。それから，絵の具をつけない筆で「チラチラ」と言いながら描かせ，筆づかいを確認させます。

そして，白い絵の具をパレットに出させ，筆をねかさないように筆先を使って，「チラチラ」と言いながら，上から下へ描かせていきます。

降ってくる雪が描けたら，筆を全部おろすようにした大きな点描で，左から右へ，積もった雪を表現させます。

④　雪だるまをつくる

(イ)　粘土でつくる——3日目——

前につくった雪だるまを思い出して，粘土をまるめてつくってみます。

(ロ)　貼り絵でつくる——4日目——

「雪だるまは，大きい丸と，その上に小さい丸が，なかよしさんになっていますね」

と話して，大小2枚の四角い画用紙(小さくてよい)をわたして，切らせます。丸を切らせるときは，教師が個人的に指導します。

切り終えたら，雪を描いた画用紙の上に置き，位置を確かめ合ってからのりで貼らせます。

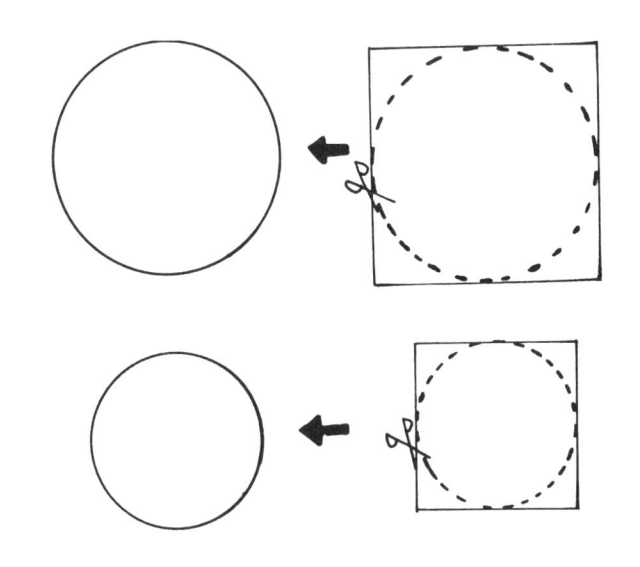

次に，雪だるまの目，口，鼻は，どの色にしたらよいか話し合います。そして，目は黒，口は赤，鼻は肌色に決め，それぞれの色の折り紙を $\frac{1}{8}$ ずつ切って渡し，子どもたちに切らせて貼らせていきます。手もつけさせます。

3歳児作品「雪降りと雪だるま」

⑤　絵の具で雪だるまを描く

　貼り絵の雪だるまだけではさみしそうなので，「もうひとつ雪だるまをつくろう」と話しかけ，こんどは絵の具で描かせます。

　雪だるまは，内から外へとふくらませて，適当な大きさの丸になったら，とめることをわからせ，まず，画用紙の上に指で描かせます。そのあと，絵の具をつけない筆で，もういちど描かせてから，絵の具をつけた筆で描かせていきます。

　かわいたら，目，口，鼻を描かせ，手も描かせて，となりの雪だるまと手をつないだりさせます。

　最後に，好きな色で帽子，ボタンを描かせます。

◆　指導の留意点

　指で空に描かせたり，絵の具をつけないで筆だけで描かせることは，しつこいぐらいに反復させ，表現する内容と筆づかいを，子どもたちに定着させることが必要です。

4歳児　3月の活動
楽しかった雪あそび

◆　指導のねらい

① 冬の自然を理解し，冬のあそびを楽しむ。

② 木と人間の大小の関係を理解する。

③ 雪の日の情景を表現する。

◆　用意するもの

絵の具，色画用紙（八ツ切，灰色），筆（太，中，細），パレット，水入れ，布，ためし紙，絵本『てぶくろ』

◆　指導の展開

① 雪あそびをする——1日目——

雪のなかで，雪合戦，雪だるまづくりをして，思う存分あそばせます。そして，楽しかった雪あそびの経験と雪の降る情景を，絵に表現してみようと話しかけます。

② 雪のようすと雪だるまをつくるポーズを確認する

『てぶくろ』の絵本を見ながら，雪の降っているようす，木に積もった雪のようすなどに注意を向けさせ，もういちど園庭のようすを見させます。

モデルを選び，雪だるまをつくっているときのポーズをとってもらって，横向きの顔，手，足，からだの特徴を確認し合います。

③ 構図を決める

雪だるまをつくっているようす，木の下につくった雪だるまを，どのような位置に配置・構成するか，おのおの考えさせ，画用紙の上に，指で描いて確認させます。

④ 雪あそびを描く

(イ) 木を描く

話し合いのなかで，木の色は黒や茶といった概念的な色ではないことを理解させます。

4歳児作品「雪あそび」

　子どもどうしで話し合わせて，必要な色を決め，ためし紙にぬってみながら，木の色を混色させます。

　木肌に直接触れさせて，幹の感じをとらえてから，その質感を，点描を用いて表現させます。

　(ロ)　雪だるまを子どもを描く

　雪だるまを子どもたちが，楽しくいっしょうけんめいつくっているようすを表現させます。雪にちなんだ歌をうたいながら，リズミカルに雪の降っているようすを表現させていきます。

　次に，積もっている雪を描かせます。ベタぬりにならないように濃淡の変化をつけて，質感，量感をだしていきます。

　⑤　作品を見て話し合う

　できあがった作品を見合いながら，冬のそのほかのいろいろなあそび，雪国の生話あそびなどを，みんなで話し合います。

◆　指導の留意点

　混色をする色は，パレットの広いますのなかにだして，混色させていきましょう。

◆　関連題材

　スキーをしているわたし，雪合戦

5歳児　3月の活動①
みんなでつくる紙芝居①──「ブレーメンの音楽隊」

◆　指導のねらい

　今までの総合的な力により構成する。

◆　用意するもの

　絵の具，画用紙　3枚，色画用紙（四ツ切，13枚，ピンク，紺，赤，オレンジ，水色など），白ボール紙（四ツ切，13枚），筆（太，中，細），鉛筆，はさみ，のり，絵本『ブレーメンの音楽隊』

◆　指導の展開

　①　お話を思い出す

　劇あそびでやったことのある「ブレーメンの音楽隊」を，紙芝居にして年中，年少児に見せてあげよう，そして卒園記念製作にしようという話し合いをおこないます。全員でもういちど劇をやり，どんな話だったかを思い出します。忘れたところもあるので，みんなで教え合います。

　②　場面わりをする

　どんな場面をつくったらよいか，劇あそびの場面を思い出しながら，それにそって話し合い，まとめていきます。それを教師が黒板に書き出します。

　1　年とったロバが，音楽をやろうとブレーメンへ向かう途中，道ばたにすわりこんでいる老犬に会う。
　2　ロバと犬が，猫に会う。
　3　ロバと犬と猫が，にわとりに会う。
　4　ロバ，犬，猫，にわとりが，元気にブレーメンの町へ向かって出発する。
　5　途中で日が暮れたので森の木の下で休む。にわとりが木のてっぺんにとまると遠くにあかりが見えたので，そこを目ざしみんなで出かける。
　6　ロバが家の中のようすをうかがうと，テーブルにはごちそうがたくさん並び，泥棒たちがおいしそうに食べている。
　7　4匹はいっせいに鳴き声をあげて，泥棒たちを追い出す。

8 　4匹は，泥棒が逃げ出した間に，ごちそうをおなかいっぱい食べる。

9 　おなかがいっぱいになった4匹は，あかりを消して，それぞれ好きな場所で眠る。そこへ，泥棒がようすを見にやってくる。

10 　泥棒は台所に入り，あかりをつけようとして，暖炉の灰のなかにいた猫の目に火をつけたので，怒った猫は，長い爪で泥棒の顔をひっかく。犬は足にかみつき，ロバは蹴とばし，にわとりは「コケコッコー」と騒ぎたてる。

11 　散々な目にあった泥棒は，親分にそのようすを話し，恐ろしい魔物がいるといって遠くへ逃げてしまう。

12 　泥棒たちを追い出した4匹は，その家がたいへん気に入ったので，そこで音楽をやりながら楽しく暮らす。

③ 　登場する動物の観察をする

　園の近所にいる犬や猫，にわとりを見に行き，形やようすなどの特徴をとらえて，こまかく観察させます。ロバは近所にいないので，園外保育で公園へ行ったとき見たり，小型の馬と比べて似ている点，違う点などを考えさせます。そのほか，いろいろな種類の鳥をみて，羽根の色や形の美しさに気づかせます。

④ 　動物を描く

(イ) 　ロバを描く

　もういちど絵本を見て形をとらえてから，画用紙に鉛筆で描かせます。色を話し合って決め，絵の具でこげ茶色をつくって描かせていきます。

(ロ) 　犬を描く

　置き物などを参考にして特徴をとらえ，形や色を話し合って決め，絵の具で描かせます。

㈢　猫を描く

　絵本を見て形や色を参考にして，どんな猫にするかを話し合って決め，絵の具で描かせます。

　㈣　にわとりを描く

　形や色が光の具合によってきれいに見えたことを思い出させてから，話し合って形や色を決め，羽毛の感じを出しながら絵の具で描かせます。

　㈤　泥棒を描く

　逃げているところ，驚いているところといった，動きのある形にし，自分の好きな色をぬらせます。動きのある形は，前に紙人間であそんだことを思い出し，応用させます。また，色は，今までおこなってきた基本的なことを守って，楽しんで混色をおこなわせます。

⑤　はさみで切り抜く

　全員に，それぞれ４つの動物と泥棒を描かせ，はさみで切り抜かせます。切り終えたら，種類別にまとめて袋に入れておきます。

⑥　グループに分かれて話し合う

　４人ぐらいのグループに分かれ，つくりたい場面を決めさせます。そして１グループ２～３場面を受けもたせます。１場面ごとに，動物の向きや形などを，どのように置くか話し合わせ，背景を決めさせていきます。決まったら，必要なものを切り抜きのなかから選ばせ，色画用紙の上に構成させます。色画用紙は何色を選ぶかということも相談させます。

⑦　背景を描く

　構成を考えたら，まず，色画用紙に背景を描かせます。点描，線描などを用いて，いろいろ工夫させます。

⑧　切り抜いた動物たちを貼る

　背景がかわいたら，考えた構成にもとづいて動物を貼っていきます。そのままだと，動物の動きを十分表現できない部分もあるので，手足を折ったり切ったりして，表情に工夫をもたせます。

　のりがかわいたら，白ボール紙を裏に貼りつけて丈夫にさせます。そして順番に番号をつけ，そのとおりに部屋に並べてみます。

▶ ブレーメンの音楽隊
　はじまり，はじまり—

◀ 4匹は元気にブレーメンの町に向かって出発します。　（4場面）

⑨　ことばをつける

　劇あそびでおこなったときのせりふを，子どもたちが思い出して言います。教師がそれを書きとめ，読みあげてみて，よいかどうかをみんなで確かめ合います。そして，それを白ボール紙の裏に書いていきます。

　表紙は教師がつくり，題字も入れます。

⑩　みんなで鑑賞する

　完成後，教師が読んで聞かせます。

　1年間絵画に取り組み，自由に絵の具を使いこなせるようになり，この紙芝居を完成させるにいたったことを，みんなで喜び合います。

▶ 4匹はいっせいに鳴き声をあげて，泥棒たちを追い出しました。
（7場面）

◀ 泥棒が逃げ出した間に，4匹はごちそうをおなかいっぱい食べました。　（8場面）

できた紙芝居を，年中，年少組のお友だちに見せて，楽しんでもらいます。

◆　指導の留意点

①　園生活ももうすぐ終わるという段階なので，それぞれの意見を聞き，はっきり主張し合って，みんなで一つひとつを決めていこうという姿勢を，たいせつに見守ってあげましょう。

②　色画用紙のかわりにクレープ紙を使ってみると，質のおもしろさが出せるでしょう。

◆　関連題材

おおきなかぶ，かさじぞう

||||||||||||||||||||||||||||| 5歳児　3月の活動② |||||||||||||||||||||||||||||

みんなでつくる紙芝居② ──「森は生きている」

◆　指導のねらい

① 今までの総合的な力により表現する。

② 経験した活動を，共同で豊かに表現する。

◆　用意するもの

絵の具，色画用紙（四ツ切，暗色系・緑色系を各2枚，灰色系を4枚），白ボール紙（四ツ切，8枚），画用紙，ケント紙（肌色），筆（太，中），パレット，水入れ，布，クレヨン，鉛筆，はさみ，のり

◆　指導の展開

① 登場人物のイメージづくりをする

『森は生きている』は，ロシアの文豪マルシャークの有名な作品です。この作品を劇あそびでおこなったり，発表会などで演じ，その経験をもとに，8枚の紙芝居に構成することにします。

この物語は，大晦日にはじまります。すべてが自分の思いどおりになると信じている自己中心の女王様が，4月にならないと咲かない，まつゆき草を欲しがります。このため，みなし子は雪の森のなかへ，まつゆき草をさがしに出かけます。そして森で，12の月の精に出会います。みなし子から話を聞いた12の月の精たちは，彼女のために，冬の12月を1時間だけ4月にしてくれました。みなし子が，かごいっぱいのまつゆき草を持ち帰ると，わがまま女王様は，こんどは自分がつみたいと言って，博士とともに森に出かけていきました。──というお話です。

まず，劇でおこなったことを絵にするために，子どもたちのもっているイメージを，より具体的にさせることから始めます。お話を聞かせて，もういちど話の内容を再現させ，子どもたちに，とくに登場人物について思い出させます。そして，登場人物のイメージづくりを中心にすすめていくことにします。

② 人形づくりをする

それぞれの登場人物をおのおのイメージ化させますが，それを共同の絵として描くとき，どの場面に出てくる人物も，同じように描けなければなりません。

そこでまず，登場人物の人形づくりをおこなっていきます。教師があらかじめ顔の形に切っておいた，肌色のケント紙を，おのおのの画用紙に貼らせ，クレヨンで目，鼻，口，髪の毛，胴体，手足を描かせます。そのとき，描くときの約束を決めます。みなし子は，スカートをはき，白地に緑の線の入ったエプロンをすることにします。女王様は，緑の服に白いガウン，水色のブーツ，そして金色の冠をかぶせることにします。同じように，12の月の精も決めていきます。そして，切り抜いてボードに貼っておきます。

9，10月，11月の精の人形

③ 場面わりをする

子どもたちと話し合って，8つの場面をどのようにわりふるか，決めていきます。

1．森のなかで，みなし子がたき木をひろうところ。
2．宮殿のなかで，女王様が博士と学習中のところ。
3．森のなかで，12の月の精たちがたき火をしているところ。
4．みなし子と12の月の精たちが出会うところ。
5．まつゆき草を咲かせるところ。

▶ 森のなかで，12の月の精たちがたき火をしています。（3場面）

◀ みなし子が，12の月の精と出会いました。（4場面）

　6．まつゆき草をつむところ。

　7．女王様が，まつゆき草をつみにきたところ。

　8．フィナーレで，みんながいっしょにうたっているところ。

④　構図を考える

　共通している場面，まったくちがう場面など，紙芝居の全体の流れをとおして考えていきます。そして，1場面ずつ，構図を考えます。

　たとえば，3の場面にみなし子がやって来て，4の場面になりますが，四ツ切り画用紙に，12の月の精とみなし子を描き入れるのは困難です。そこで，12の月のうちの8月，9月，10月，11月と，みなし子を描くよう指導します。

⑤　絵の具で描く

　画面のいちばん引き立たせたいものを考えて色画用紙を選びます。たとえば，1の場面は雪のはえる色，3の場面は炎のはえる色といったぐあいです。

▶ 月の精が、1時間だけまつゆき草を咲かせてくれました。
（5場面）

◀ みなし子は、まつゆき草をつみました。
（6場面）

　劇で自分が演じた場面を描けるように、4名ぐらいずつのグループに分けます。登場人物は、ボードに貼ってある人形を見ながら、グループごとに話し合って鉛筆で下絵を描き、そのあと絵の具で描かせていきます。共通している場面は同じように描かれているかを、確かめながらすすめさせます。
　描きおえたら、白ボール紙を裏に貼りつけて丈夫にさせます。そして順番に番号をつけ、ことばを考えて話し合い、教師が裏に書きこみます。
⑥　みんなで鑑賞する
　みんなで上演のしかたを考えながら見合い、年中、年少児に見せます。

◆　**指導の留意点**
①　お話の絵は、内容を理解して頭に強く焼きついたものを選びましょう。
②　ペープサート、絵本、影絵などと並用して指導するとよいでしょう。
③　紙芝居の上演のしかたを、研究させていきましょう。

― 描画指導のための基礎知識⑩ ―

♣ 色彩用語の解説（2）

〈色のグループ――大づかみに整理する方法〉

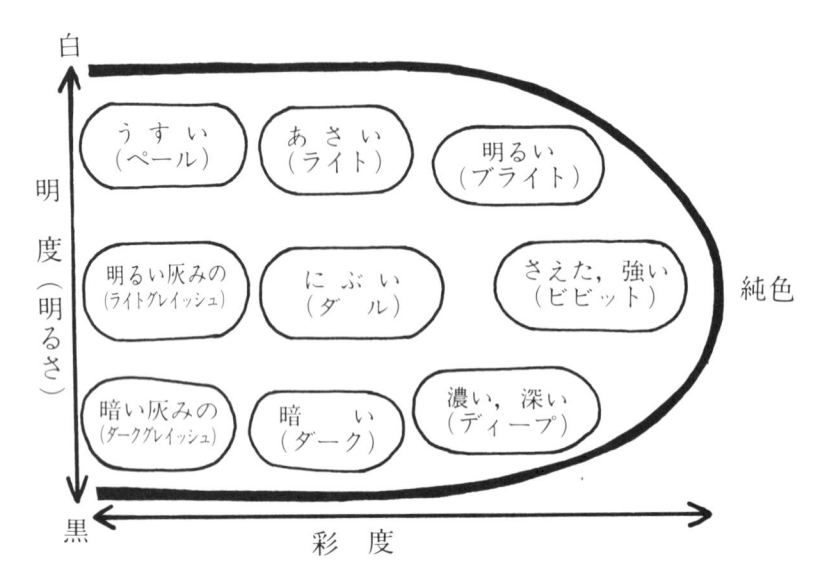

```
           白
           ↑
           │  ┌─────┐ ┌─────┐ ┌─────┐
           │  │うすい │ │あさい │ │明るい │
           │  │(ペール)│ │(ライト)│ │(ブライト)│
           │  └─────┘ └─────┘ └─────┘
  明       │  ┌─────┐ ┌─────┐ ┌─────┐
  度       │  │明るい灰みの│ │にぶい │ │さえた,強い│      純色
 (明       │  │(ライトグレイッシュ)│ │(ダル) │ │(ビビット)│
  る       │  └─────┘ └─────┘ └─────┘
  さ)      │  ┌─────┐ ┌─────┐ ┌─────┐
           │  │暗い灰みの│ │暗い  │ │濃い,深い│
           │  │(ダークグレイッシュ)│ │(ダーク)│ │(ディープ)│
           │  └─────┘ └─────┘ └─────┘
           ↓
           黒     ←――――――― 彩 度 ―――――――→
```

〈配色――色の配列〉

　同一色相＝＝純色に，白または黒または灰色を，混ぜてつくられ
　　　　　　た色どうし

　類似色相＝＝色みがよく似た色どうし
　　　　　　　例：黄色に対して，黄緑，黄みの橙

　対照(反対)色相＝＝補色，反対色，反対要素の関係で配例したもの

　・明暗のコントラスト
　　　　　　例：黒←白，暗い灰色←明るい灰色

　・色みの対照――色相環のむかいあっている色

　・トーンのコントラスト
　　　　　　例：暗い↔明るい，強い↔弱い

　　※色彩について，より学習したい方は，『描画のための色彩指
　　　導・入門編』（芸術教育研究所編・黎明書房刊）をおすすめ
　　　します。

描画指導12カ月（年間カリキュラム）

※芸術教育の会・絵画共同研究班作成

《 3 歳 児 》

月	主なる造形課題	題材	ねらい	主なる表現材料
4	上→下の縦線を描く。	蛇口からの水	意図的な上から下への縦線が描ける。	クレヨン
5	上→下の細い線を描く。	雨	上から下への細かい線をリズミカルに表現する。	クレヨン
	短く細い線を描く。	点つなぎ	①短く細い線を描けるようにする。②色名を理解する。	クレヨン
6	左→右の点を描く。	足あと	①筆の使いかたに慣れる。②ゆっくりと左から右へ点を描く。	絵の具
	密集する美しさのなかの量感を表現する。	あじさい	①密集する美しさのなかに、量感を感じとることができる。②有彩色のさえた色にそれぞれ白を混ぜて、明るくやわらかい感じの色を表現する。	色紙・絵の具
7	細い線と小さい点を組み合わせる。	草と花	①細い線と小さな点とを組み合わせる。②筆の使いかたを覚える。	絵の具
8	中心点から放射状に点描する。	花火	①中心点から放射状に、点描で描く。②暗色に映えることを知る。	絵の具
9	筆先を動かして丸を描く。	カラフルなキャンデー	①筆先を動かして丸をつくり、間隔を考えて順番にならべる。②それぞれの色名を知る。	絵の具
	筆先により、点からのふくらみを表現する。	ぶどう	①筆先を使って、点からのふくらみを表現する。②自分で混色して色つくりを経験する。	絵の具

153

月	主な造形課題	題材	ねらい	主なる表現材料
10	太いかこみ線で描く。	ドーナツ	①ドーナツの形、色の特徴をみつけ、工夫して描く。②筆の腹を使って太い線を描く。	絵の具
	・小さな点描をする。・細い線の方向を理解する。	野ぎく	①小さな点描と細い線の方向を理解する。②雑草の花の美しさをとらえる。	絵の具
11	・下→上の太い縦線を描く。・大きな点描により、量感をだす。	空とけやき	①下から上への大きな縦線を、筆を正しく使って描く。②大きな点描により、量感をつくりだす。③太い幹、紅葉の茂みの特徴を表現する。④水の量で濃淡を表現する。	絵の具
	長丸の形への立体感をつくりだす。	さつまいも	①粘土を用いて立体表現をする。②長丸の形に、立体感をもたせる。	粘土、絵の具
12	・同心の二重の丸を描く。・大きさのバランスを考える。	目玉やき	①同心による二重の丸が描けるようにする。②フライパンに対する目玉やきの大きさ、白身に対する黄身の大きさのバランスを考える。③フライパンの濃い色に対する、白、黄の明るい色の組み合わせが、目立つことを感じとる。	色紙、絵の具
1	左→右の太い線の重なりにより、横に長く描く。	バス	①左から右への太い線の重なりで、横に長く美しく描く。②四角い窓を描く。	絵の具
2	・顔の形や色を理解し、表現する。・身体の動きを表現する。	体操しているわたし	①身体の特徴とバランスをとらえる。②顔の形、色を理解する。③身体の形を理解して表現する。	絵の具、色鉛筆
3	今までに習得した総合的な力で表現する。	雪ふりと雪だるま	①こまかい動きのある点描表現をする。②内から外へ広げて適当な大きさの丸をつくる。③丸の大小を表現する。④顔の部分の正しい位置関係を把握する。	色紙、粘土、絵の具

《 4 歳 児 》

月	主なる造形課題	題材	ねらい	主なる表現材料
4	筆先のコントロールにより、点描する。	動物の足あと	筆先のコントロールにより、絵の具を使う場合の、水のつけかたと筆洗いのしかたを理解し、筆先のコントロールによる点描を習得する。	絵の具
	下→上の力をぬく線を描く。	長い草	①下から上への線が描ける。②絵の具や筆の使いかたに慣れる。	クレヨン、絵の具
5	上→下の等間隔の線を描く。	ポッキー	①上から下への線を等間隔で描く。②同采色をなかまの色として理解する。	絵の具
	左→右の長い横線と、上→下の短い縦線を組み合わせる。	線路	①左→右の長い横線と、上から下への短い縦線の組み合わせを表現する。②線路の幅は同じであることを理解する。	絵の具
6	花びらの集合を構成する。	ドクダミ	①花びらの集合状態を構成することを学ぶ。②同じ色でも、薄ぬり厚ぬりでいろいろな感じに変化することを理解し、白と黄との配色の美しさを知る。	絵の具
	・密集する美しさのなかに量感をもたせる。・点描の組み合わせにより花びらの色をつくる。	あじさい	①密集する美しさのなかに、量感を感じとる。②花の集合が長丸に近いことを知る。③上下左右の花びらを、点描の組み合わせで表現する。④有彩色のさえた色に、それぞれ白を混ぜて、明るくやわらかい感じの色で表現させる。⑤明るいあわい色調での色調の美しさを知る。	色紙、絵の具
7	中心から放射状にでる細長い線を描く。	マーガレット	①中心から放射状に細長い線を描く。②大まかな形のよみとりができる。	絵の具
8	顔の各部分の位置関係を理解し表現する。	おとうさん	①顔の大きさ、目、鼻、口の位置関係を確かめる。②貼り絵版画の性質を知る。	版画道具類
9	からだのつながり、バランスを理解し表現する。	からだのポーズ	①からだのつながりやバランスを理解する。②いろいろなポーズを表現できるようにする。	色紙
	細い線の動き、性質を理解し表現する。	後ろ向きの頭	細い線の動き、性質を理解し、質量感をあらわす。	パス

月	主なる造形課題	題材	ねらい	主なる表現材料
10	点描により量感のあるフォルムを形成する。	うさぎ	①うさぎに触れることにより量感を知り、動物を愛護する心を養う。 ②特徴をよく話し合い、理解して描く。 ③点描による量感のあるフォルムを形成する。	粘土、絵の具
	ほんものに近い量感を表現する。	ドッジボン	濃い色に白を混ぜながら、だんだんうすい色をつくっていき、ほんものに近い量感をだす。	粘土、絵の具
11	立体的な形を表現する。	カバン	立体的な形をとらえて表現する。	絵の具
	大きさの対比を理解する。	小鳥と木の実	①自然界の色の美しさに気づかせるとともに、愛鳥の心を育てる。 ②木と小鳥の大きさの対比を理解する。 ③小鳥や蝶は、よく目立ち美しく見せるために、対照の色相の組みあわせになっていることを知る。	絵の具
12	人の複合された形を表現する。	雨ふり	共通の生活経験をもとに、人の複合された形を、今までの活動を生かして描く。	絵の具
1	特徴をとらえて描写する。	友だちの顔	①友だちの顔を描いてみることにより、日ごろ気づかない特徴を発見し、いっそう親しみを深める。 ②特徴をとらえて描く。 ③肌の色をよく見て描く。	粘土、絵の具
	縦、横、斜めの線により、量感のあるフォルムを形成する。	シマダイ	縦、横、斜めの線の方向や、集合による量感のあるフォルムを形成する。	絵の具
2	足をのばしているところ	なわとびをしているわたし	横向きの人体の、複合された形を表現する。	①なわとびの動作をとおして、身体の動きをとらえる。 ②上手にとびたい気持ちや、上手にくらべた喜びが、表現されるように考える。 ③今まで習得した手法を用いて描く。	絵の具、クレヨン、色鉛筆、色紙、粘土、絵の具
3	雪の日の情景を表現する。	雪あそび	①冬の自然を理解し、冬のあそびを楽しむ。 ②木と人間の大小の関係を理解する。 ③雪の日の情景を表現する。	絵の具

《 5 歳 児 》

月	主なる造形課題	題材	ねらい	主なる表現材料
4	点描により、質感・量感を表現する。	桜の木	①点描で、花びら、木の幹の質・量感を表現する。②友だちどうしで話し合い、混色の経験をする。	絵の具
5	筆先により細い線描を表現する。	桜の葉	①左右対称の形をとらえ、筆先による細い線描を経験させる。②ものの色をみとり、混色でその色に近い色をつくる。	クレヨン、絵の具
	線描により質感を表現する。	たけのこ	①たけのこの形と皮への線の流れを理解する。②濃い色から淡い色への変化を理解する。③線描により質感を表現する。	鉛筆、クレヨン
6	・上下左右の花びら、およびその集合を表現する。・花びらの色をよく見てつくる。	あじさい	①上下左右の花びらの形がわかり、花の集合が長丸に近いことを知る。②混色によって、花びらの明るく柔らかい感じを表現する。	絵の具
7	動きのある人間の組み立てを理解する。	平均台でひっぱりっこ	動きのある人間の組み立てを理解する。	版画道具類
	秩序ある集合を構成する。	とうもろこし	①同じ大きさ、同じ形の実が、順序よく並んでいることに気づく。②黄緑と黄系統の実が、よく似た色のなかまであることを知る。③色相の類似による統一感を知る。	粘土、絵の具
8	線描により、かたまりを表現する。	わらなっとう	①線でかたまりを表現する。②わらのふぞろいと豆の質感を表現する。③子どもにとって経験のうすい色調の美しさに気づかせる。	絵の具
9	いろいろな緑色を知る。	きゅうり	①野菜のもつ自然の美しさに気づき、その美しさを見抜かせる。②黄に近い黄緑、緑の組み合わせ、明るい緑、暗くて濃い緑がある。③類似の色の明暗に気づく。	粘土、絵の具
	大まかな基本型の組み合わせを見抜いて表現する。	インコ	①飼育している鳥を観察し、鳥のもつ自然の美しさを再認識する。②大まかな基本型（たまご型）、丸の組み合わせて表現する。③鳥の色を見て、どのような色の組み合わせになっているかを知る。	絵の具
10	球体の集合を表現する。	ぶどう	①球体でひとつの球の質感と重なりを表現する。②一つひとつの球の集まりを感じさせる。	粘土、絵の具
	水の量により、色の濃淡がつくれることを知り、表現する。	空とポプラ	①秋の空の美しさを経験させるとともに、遠くの空の色に近い色をつくる。②同じ空でも、水の量により色の濃淡のできることを経験する。③土、木、葉において、それぞれの類似した色相のなかでの明暗の変化を、混色により表現する。	絵の具

157

月	主なる造形課題	題材	ねらい	主なる表現材料
11	動きのある姿をとらえる。シンメトリー(左右対称)の形を理解する。	とび箱をとびわたし 紅葉	①自分の経験したことに対する感動を表現する。 ②動きのある姿をとらえる。 ①紅葉した葉を通して、自然の力の偉大さを理解する。 ②シンメトリー(左右対称)の形を理解する。 ③紅葉した変化に富んだ葉を描くことにより、自然の色の変化に興味をもつ。 ④うすい色からだんだんに濃く強い色を重ねぬり、変化のある色の表現方法を理解する。	粘土、色紙、絵の具 絵の具
12	太い幹、枝を描く。	葉の落ちた樹木	①自分たちのまわりの、自然の変化に気づく。 ②落葉後の大きくたくましい幹・枝を表現する。 ③あまり使用経験のない、にぶい灰みの調子で、葉の落ちた樹木を描き、色彩経験を豊かにする。	絵の具
		おさげの女の子	①線の動き、方向、性質、やわらかくやさしい線)を理解する。 ②立体的に質量感を表わし、それに続く首や肩の線をみつける。	絵の具、クレヨン
1	明暗により、質感・量感を表現する。 複雑な形・構図を考える。	横向きの顔	①形の組み合わせを考える。 ②明暗により、質感、量感を表現する。	粘土、絵の具
		マラソン	①からだの動きを表現する。 ②複雑な形、構図を考える。	色紙、色鉛筆
	今までに習得した手法を総合して描く。	シクラメン	線描、点描などの描画手法の、総合的な活用による表現をおこなう。	絵の具
2	今まで習得した手法を総合して描く。	おおきなかぶ	①おおきなかぶの物語を理解する、そして協力する心を育む、かぶと大人と子どものバランスを知る。 ②人間のからだのバランスを考える。 ③白いかぶが目立つような、地面の色を考える。	色紙、パス、絵の具
3	今までに習得した手法を総合して描く。	ブレーメンの音楽隊(紙芝居) 森は生きている(紙芝居)	①今までの総合的な力により表現する。 ②今まで経験した活動を、共同で豊かに表現する。	色紙、絵の具 クレヨン、絵の具

● 執筆関係者一覧

企画構成	芸術教育研究所
監　修	多田信作
編　集	芸術教育研究所
執　筆	多田信作　松浦龍子

実践報告者　（順不同）　（所属は実践時）

松浦龍子(神奈川,やなせ幼稚園)	和田和江(東京,江東文化幼稚園)
平田和子(神奈川,かちだ幼稚園)	福沢道子(岩手,ひばり保育園)
松田　薫(神奈川,かちだ幼稚園)	川向市子(岩手,ひばり保育園)
三上初子(神奈川,かちだ幼稚園)	松家洋子(岩手,ひばり保育園)
野中みど里(神奈川,かちだ幼稚園)	石沢育江(長野,赤沼保育園)
上遠野文子(神奈川,かちだ幼稚園)	渡辺利江(長野,角間川保育園)
益田禮子(東京,NECみどり幼児園)	河角はる子(長野,城南保育園)
成田唱子(東京,NECみどり幼児園)	矢野映子(東京,ふじ保育園)
福原圭子(東京,NECみどり幼児園)	紫竹とみ子(東京,妙福寺保育園)
三宅節子(広島,いずみ幼稚園)	永崎恵美子(東京,妙福寺保育園)
三沢玲子(東京,みのり幼稚園)	米山昭子(神奈川,座間保育園)
柴田和子(神奈川,やなせ保育園)	遠山由美子(神奈川,ちぐさ保育園)
菊地アサ子(神奈川,やなせ保育園)	五輪美代子(神奈川,東原保育園)
沢田芙玖江(神奈川,やなせ保育園)	石田道子(埼玉,つぼみ保育園)
三原阿紗子(神奈川,やなせ幼稚園)	浜田シゲ子(神奈川,やなせ幼稚園)
藤岡裕子(神奈川,やなせ幼稚園)	柏木喜美江(神奈川,やなせ幼稚園)
川辺則子(神奈川,やなせ幼稚園)	柳沢由美子(新潟,大潟町第三保育所)

※そのほか，芸術教育の会会員の多くの方々の実践記録，作品等の協力をえました。

イラスト	長安ちあき
写　真	御野幹東
制　作	上林悟　阿部裕子　多田千尋

本書の実践についてのお問い合わせは
下記にお願いいたします。

芸術教育研究所

〒165-0026 東京都中野区新井2-12-10
☎03（3387）5461

3・4・5歳児の描画指導12ヵ月

2002年 2月 1日　初版発行
2013年 6月30日　11刷発行

編　者　　芸術教育研究所
　　　　　おもちゃ美術館
発行者　　武馬久仁裕
印刷・製本　株式会社 太洋社

発行所 株式会社　黎明書房

460-0002 名古屋市中区丸の内 3-6-27 EBS ビル　☎052-962-3045
　　　　　　　振替・00880-1-59001　FAX 052-951-9065
101-0047 東京連絡所・千代田区内神田 1-4-9 松苗ビル 4 階
　　　　　　　　　　　　　　　　　　　☎03-3268-3470

落丁本・乱丁本はお取替えします　　ISBN978-4-654-00133-0
© ART EDUCATION INSTITUTE 2002, Printed in Japan